나는
마트 대신
부동산에
간다

김유라 지음

나는 마트 대신 부동산에 간다

3천만 원으로 6년 만에 아파트 15채 보유

한국경제신문

내 인생을 바꾼 부동산 공부

나는 아들 셋을 키우는 서른넷의 전업주부다. 학창 시절부터 내 인생의 목표는 전업주부이자 현모양처였으니 일찌감치 목표를 이룬 셈이다.

잠깐 직장생활을 하기는 했다. 연애할 때, 앞으로는 혼자만 일해선 살아가기 힘드니 맞벌이를 하자고 남편이 말했었다. 그래서 대학을 졸업한 후 부랴부랴 취업 준비를 시작했다. 하지만 공부를 왜 해야 하는지 몰라 리포트는 베껴 내기 일쑤요, 시험 때는 커닝페이퍼 만들 성의조차 없는 위인이었던지라 구직 활동이 수월할 리가 없었다. 그래도 어찌어찌 운 좋게 은행에 취직을 했다. 부부가 둘 다 돈을 버니 이대로만 간다면 금세 부자가 될 것만 같았다.

그러나 나의 직장생활은 1년도 안 돼 끝이 났다. 아이를 가졌는데, 의사가 말하길 유산의 위험이 높다며 종일 누워 지내야 한다는 것이었다. 은행 일이란 게 화장실 갈 짬도 내기 힘들고 식사도 교대로 서둘러 마쳐야 하는 판이어서 일을 계속하기는 무리였다. 돈 버는 것도 중요하지만 이러다가는 아이를 못 낳겠다 싶었다. 결국 퇴사를 했는데, 조심하노라고 했음에도 아이는 유산되고 말았다. 상실감과 죄책감을 이루 말할 수 없었다. 그런 내가 딱했는지 남편은 내가 몸을 추스르길 기다려 여행도 함께 가고 맛집도 알아봐 데리고 가는 등 참담한 시간을 견디도록 신경 써주었다. 그리고 전업주부의 삶이 시작됐다. 온종일 텔레비전을 틀어놓고 소파 위를 뒹구는 날이 이어지는 가운데 다시 임신을 했고, 2008년에 첫아이를 낳았다.

그런데 그해에 펀드가 반 토막이 났다. 안 먹고 안 입고 안 쓰면서 알뜰히 모아 몽땅 펀드에 들이부었는데, 이게 무슨 날벼락이란 말인가. 결국 수천만 원을 손해 보고 해지했다. 그러나 고작 1년 뒤, 코스피지수는 다시 1900선까지 상승했다. 이토록 빨리 회복될 줄이야···. 팔지 말았어야 했다. 울고 싶었다.

당시 대전에서 살고 있었는데, 엎친 데 덮친 격으로 전세가마저 연일 최고치를 경신했다. 2010년에는 한 해 만에 전세가가 무려 7,000만 원이나 오르는, 이해할 수 없는 일이 벌어지기도 했다. 우리는 결혼하면서 집을 사지 않았다. 그 이유는 이제 대한민국 부동산은 끝났으며 집값은 하락할 일만 남았다는 세간의 말들 때문이었다. '남의 말에 휩쓸리지 않고 진작 집을 샀다면, 젖먹이 데리고 이사 다니는 고생은 안 해도 됐을 텐데···' 하는 뼈저린 후회가 몰려왔다.

이 모든 일이 나에게는 불가사의였다. 명색이 은행원 출신이건만 금융이나 경제에 대해서 아는 게 아무것도 없었다. 무조건 저축만 하면 되는 줄 알았고, 펀드에 넣어두면 돈이 저절로 불어나는 줄 알았다. 심지어는 저축을 하느라 통장 잔고가 바닥나 신용카드 대금을 연체하기도 했다. 당시는 신용등급을 관리해야 한다는 생각도 못 했다. 그런 건 대출을 받을 때나 필요한 것일 테고, 나는 대출을 받을 생각이 전혀 없었으니까.

그러다 펀드가 반 토막이 나자 정신이 번쩍 들었다. 우리는 도시 근로자 평균 임금에도 못 미치는 남편의 월급(출산을 하면서 정부지원을 받기 위해 건강보험료를 조회해보다 이 사실을 알았다. 그때의 충격이란!)만으로 살아가는 가정이었다. 게다가 나는 엄마였다. 저축만으로는 부자가 되기는커녕 내 집 마련도 힘들다는 사실을 깨달았다. 경제가 내 삶을 좌우한다는 사실을 그때까지는 꿈에도 생각하지 못했다. 자본주의 사회에 살고 있으면서도 자본이 어떻게 움직이는지, 돈은 어떻게 벌어야 하는지 전혀 알지 못했다. 궁지에 몰려서야 정신을 차린 나는, 무엇보다 전세가가 미친 듯이 오르는 이유가 궁금했다. 그리고 전 재산을 투자한 내 펀드가 왜 반 토막이 났는지 알고 싶었다. 내 아이를 위해 공부를 해야겠다는 생각이 절실하게 들었다.

그렇게 나의 공부가 시작되었다. 집안일을 최소한으로 줄인 채, 대부분 시간을 책을 읽고 경제 기사를 체크하고 재테크 커뮤니티를 탐색하는 데 썼다. 물론 젖먹이를 안거나 업은 채로 말이다. 그러다 보니 어느 순간 동굴 속 같던 머릿속에 불이 반짝 켜지는 느낌이 들었다. 하나하나 의문이 풀려나갔으며, 그와 함께 이전에는 가져본 적 없는 새로운 의문이 꼬리를 물었다. 그렇게 공부에 속도가 붙었다. 하면 할수록 재미있는 것이 공부였다. 목적의식 없던 학창 시절에는 한 번도 느껴보지 못한 재미였다.

사람들은 젊은 나이에 부동산 투자로 성공한 내가 부럽다고 말한다. 엄청난 행운이라고. 하지만 실제로는 더 젊은 날에 이것저것 투자해서 자잘한 실패를 거듭 경험했고, 마지막으로 선택한 것이 부동산이었을 뿐이다. 공부를 하다 보면 직접 투자하고 싶어 몸이 달기도 한다. 주식 관련 책을 보면 주식에 투자하고 싶고, 환율에 관한 책을 보면 환 투자를 하고 싶고, 경매 관련 책을 보면 경매를 하고 싶어진다. 그래서 주식 투자도 하고 달러와 금도 샀다. 결론부터 말하면, 준비 없이 급하게 한 투자는 예외 없이 실패했다. 여타 투자와는 달리 부동산에서는 한 번도 실패를 겪지 않았는데, 그 이유는 충분한 시간

7

을 들여 열심히 공부했기 때문이다. 어떤 투자든 마찬가지겠지만, 특히 부동산은 공부하지 않으면 고수들에게 질 수밖에 없는 게임이다.

투자로 돈을 벌고 싶은데 경험도 없고 돈도 없다면 길은 딱 하나, 바로 공부다. 공부를 하지 않았더라면, 조급한 마음에 덜컥 투자부터 했더라면 나는 렌트푸어나 하우스푸어의 신세에서 벗어나지 못했을 것이다. 급할수록 돌아가라는 속담은 시대와 상황을 뛰어넘는 진리다. 급한 마음은 판단을 흐리게 해서 잘못된 투자로 이끌게 마련이다.

공부로 내공을 쌓지 않으면 남의 말에 휩쓸리기도 쉽다. 누가 어느 아파트를 사서 돈을 벌었다는 말에, 주가나 금값이 오르고 있다는 뉴스에, 높은 수익률을 보장한다는 컨설팅업자의 권유에 팔랑귀가 된다. 부화뇌동하지 말고 우직하게 공부해야 한다. 자꾸만 조급해지는 마음을 공부로 다스려야 한다. 그래야 투자에 실패하지 않는다. 섣불리 투자에 뛰어들었다가 실패하면, 종잣돈부터 다시 모아야 하므로 성공에 이르기까지 오랜 시간이 걸린다. 어떤 이들은 한 번의 실패로 모든 의지를 잃어버리기도 한다.

실패하지 않기 위해, 다시는 돈을 잃지 않기 위해 지난 6년간 나는 쉬지 않고 공부했다. 경제라는 게 도대체 어떻게 돌아가는 것인지 공부했고, 종잣돈을 모으기 위해 절약하는 법을 배웠고, 적은 금액으로 투자하는 법과 비용을 절감하는 방법을 공부했다. 공부할 시간을 최대한 확보하기 위해 하루 24시간을 48시간처럼 사는 법을 연구했다. 그러면서 내 인생은 바뀌기 시작했다.

바야흐로 백세 시대인데 조급해할 이유가 어디 있는가. 몇 년 공부에만 집중한 뒤 투자를 시작해도 결코 늦지 않다. 나는 아이를 돌보며 책 읽고 인터넷을 뒤졌고, 아이를 업고 부동산 현장 조사를 했으며, 아이를 데리고 가서 임대 놓을 집을 직접 수리했다. 그 경험담을 정리한 것이 이 책이다. 나처럼 아이를 키우는 평범한 주부도 충분히 이해하고 부동산 투자를 준비할 수 있도록 쉽게 썼다. 이 역시 나의 경험을 바탕으로 내린 결론이다. 그동안 내가 접한 투자 관련 책의 저자가 대부분 남자였고, 내용도 전문적이고 어려워서 내 것으로 소화하기가 쉽지 않아서다. 하지만 집은 여자의 영역이며, 그러하기에 부동산은 주부에게 가장 적합한 투자처다. 이 책을 읽은 당신도 부디 열심히 공부하고 투자해서 부자 엄마가 되기를 소망한다.

CHAPTER 7
복부인이 경험한 소액투자 실전 사례

나는
마트 대신
부동산에
간다

CHAPTER 1

아이 셋 주부에서
월세 받는 여자로

01
전세가가
미쳤다

🏠 부동산은 끝났다더니

어려서부터 전업주부가 꿈이었던 나는 대학 시절 만난 지금의 남편과 2006년 스물네 살 때 결혼했다. 남편도 나도 모아놓은 돈이 없었던 터라 시가의 도움으로 대전에 8,500만 원짜리 전세 아파트를 얻어 신접살림을 차렸다. 도어락도 새로 달고 내부 수리도 좀 하고 신혼집답게 예쁘게 꾸민 아파트에서 첫아이를 낳고, 알콩달콩 재미나게 살았다.

그러던 어느 날, 집주인으로부터 연락이 왔다. 월세로 전환하려하니 계속 살 작정이면 다달이 50만 원을 내고 아니면 나가라는 통보였다. 같은 아파트의 전세가가 2년이 채 안 돼 3,500만 원이 올라

1억 2,000만 원이 되었다는 사실은 알고 있었다. 계약 만기가 되면 전세금을 올려줘야겠구나 정도의 각오는 하고 있었다. 하지만 집주인이 월세로 전환하리라고는 생각도 못 했던지라 당황스러웠다. 우리의 첫 보금자리였기에 직접 꾸미고 틈나는 대로 쓸고 닦아 늘 반짝거리던 집이었다. 이곳에서 가능한 한 오래 살고 싶었지만, 눈물을 머금고 이사를 해야 했다. 집이 깨끗하고 예뻐 다음 세입자가 단번에 들어온 것은 다행이었지만, 한편으로는 화가 나기도 했다. 남 좋은 일만 시킨 것 같은 기분이었다.

다시 한 번 시부모님의 도움을 받아 이사를 간 곳은 전세보증금 1억 1,000만 원짜리 아파트였다. 그런데 1년이 지나자 전세가가 1억 8,000~9,000만 원으로 올랐다. 둘째를 임신 중이던 나는 더럭 겁이 났다. 계약기간이 만료되면 아직 말도 잘 못 하는 첫째와 젖먹이를 데리고 또 이사를 가야 하겠구나. 그러지 않으려며 남은 1년 안에 7,000~8,000만 원을 마련해야 하는데, 어디서 그 돈이 나온단 말인가. 어떻게 1년 사이에 그만큼이나 오를 수 있는지, 말 그대로 미친 전세가였다.

당시 대전은 전세가 매우 귀했다. 대전 엄마들 커뮤니티에 들어가 보면 다들 전세가 없다고 난리였다. 부동산중개소에서 전세가 나왔다고 연락이 와 집도 보지 않고 바로 계약금을 넣었다는 사람도 있었다. 그렇게 하지 않으면 전세를 구할 수 없기 때문이라는 것이다. 그렇게 계약금부터 넣고 집을 보러 갔더니 집 상태는 엉망이고, 하지만 이미 계약을 했기 때문에 집주인은 도배나 장판을 새로 해줄 생각도 없다. 속이 쓰리지만 워낙 전세가 귀하니 어쩔 수 없다는 내용의 글이 넘쳐났다. 내 친척 한 분도 부동산중개소에서 연락이 와 집을 보러 나섰는데, 도중에 다른 사람이 계약했으니 올 필요 없다는 전화를 받고 발길을 돌린 적이 있다고 했다.

결혼할 때 집을 사지 않은 것이 뼈저리게 후회되었다. 2006년에 집을 샀어야 했다. 그때 집을 사지 않은 이유는 아파트는 이제 오를 대로 올랐다, 앞으로 떨어질 일만 남았다, 지금 집 사면 안 된다는 말들이 나돌았기 때문이다. 단지 그 이유로 전세로 집을 얻은 것인데, 서울은 상황이 좀 달랐을지 모르지만 지방은 집값이 계속해서 오르기만 했다.

2006년이 아니라면 월세를 낼 수 없어 이사를 선택한 2008년에도 집을 사야 했다. 그때는 펀드가 반 토막 나기 바로 직전이었다. 당시 펀드를 환매해 전세보증금에 보탰다면 각종 공공기관이며 대형 쇼핑시설, 넓은 공원이 자리하고 학군도 좋은 대전 둔산의 30평대 아파트를 대출 없이 구입할 수 있었다.

🏠 반 토막이 된 내 펀드

펀드 투자를 시작한 것은 은행에 근무할 때였다. 전업주부가 꿈이었지만, 직업을 가진 배우자를 원하는 남편과 결혼하기 위해 대학 졸업 후 구직 활동을 시작했다. 스펙도 능력도 없던 내게 직장이 기다렸다는 듯 나타나줄 리 만무했다. 이곳저곳을 뒤지던 어느 날, 취업 사이트에서 국민은행 계약직 모집 공고를 보고 별 기대 없이 지원서를 넣었다. 워낙 반응이 폭발적이어서 경쟁률이 어마어마할 것 같긴 했지만, 일자리의 선택권이 거의 없는 대전에서도 지원이 가능해 일단 지원해본 것이다.

그런데 서류 전형에 덜컥 합격해 면접시험을 보러 오라는 연락을 받았다. 우선 입고 갈 정장이 없었던 터라 온라인 오픈마켓에서 3만 원짜리 정장 한 벌을 구입했다. 면접 지원금으로 3만 원이 나온다니 불합격해도 손해는 아니라는 계산이었다. 그러고 나니 면접에서 무슨 말을 해야 하는가가 숙제로 남았다. 공대 출신인 데다 가뜩이나 공부하기 싫어했던지라 경제나 금융에 관해 아는 게 없었다. 고민 끝에 결국, 국민은행 CM송인 김세환의 〈사랑하는 마음〉을 외웠다. 아는 것도, 할 줄 아는 것도 없으니 노래라도 부르자고 나름대로 면접시험 대비를 한 것이다.

면접장에 도착해서 보니, 무슨 스튜어디스 면접인가 싶을 정도로 키 크고 예쁜 지원자들이 수두룩했다. 그 속에서 나는 단체면접을 기다렸다. 이윽고 차례가 되자 면접관이 각자 자기소개를 하라고 했다. 나는 다짜고짜 노래부터 불렀다.

"'사랑하는 마음보다 더 좋은 건 없을 걸~ 사랑받는 그 순간보다 흐뭇한 건 없을 걸~.' 안녕하세요, 저는 김유라입니다! 휴대전화 판매왕인 어머니를 닮아 영업 잘하겠다는 소리를 어려서부터 많이 들어왔습니다. 손님이 끊임없이 들어오는 국민은행에서 제 영업의 꿈을 펼치겠습니다."

그렇게 나는 15대 1의 높은 경쟁률을 뚫고 텔러 1기로 입사했다.

첫 달에 월급을 받아보니, 세금을 제외하고 160만 원이 조금 넘었다. 대신 1년에 여러 차례 성과급이 나왔고, '보로금'이라는 이름으로 수백만 원의 상여금도 나왔다. 은행 입사와 거의 동시에 결혼식을 올렸는데, 당시 남편의 월급은 180만 원 정도였다. 역시 함께 돈을 버니 좋았다. 우리 부부의 수입 350여만 원에서 생활비로 100만 원 정도만 쓰고, 매달 250만 원씩 꼬박꼬박 저축했다. 1년이면 원금만 3,000만 원, 이대로 가면 금방 부자가 될 것 같았다. 높은 수익률을 내고 있는 펀드에 투자하고 있고, 우리의 월급도 계속 오를 테니 걱정할 게 무언가. 게다가 남편이 주·야간 교대 근무를 했기에 우리 부부는 서로 얼굴 볼 시간이 없어서 돈 쓸 일도 없었다.

당시 펀드는 수익률이 매우 좋았다. 가입하지 않은 사람을 찾아보기 힘들 정도로 펀드 상품이 대유행이었다. 나는 친구들과 계모임을 하면서도 삼성에 투자하는 국내 펀드, 일본 등 해외 펀드, 호주 부동산에 투자하는 리츠 펀드에 돈을 넣었다. 특히 중국 펀드에 대부분의 돈을 투자했는데 수익률이 놀라웠다. 어떤 날은 하루에 100만 원씩 오르기도 했다. 당시는 금리가 지금처럼 낮지 않았음에도, 적금이 눈에 들어오지 않았다. 하루에 100만 원씩 벌 수 있는 투자처가 또 어디 있겠는가. 당연히 중국 펀드에 열심히 돈을 넣었다.

그랬던 펀드가, 베이징 올림픽 때까지는 계속 오른다던 그 펀드가 정확히 반 토막이 난 것이다. 열심히 맞벌이하고, 열심히 절약한 일

모두가 아무런 의미도 없어진 것이다. '아아, 반 토막이 나기 전에 손절매해 집을 샀어야 하는데!' 미친 듯이 치솟는 전세가 때문에 사는 일이 불안해지니 후회가 쓰나미처럼 밀려왔다. 전세가가 하루가 멀다고 뛰는 게 눈에 보였다. 그조차도 물량이 없어 전세를 구할 수가 없었다.

결국 뱃속에 둘째를 품은 채 또다시 이사를 했다. 아파트 대신 전세가가 훨씬 저렴한 빌라로 옮겨간 것이다. 우리가 1억 1,000만 원을 주고 살았던 그 아파트에 다음 세입자는 1억 8,500만 원을 내고 들어왔다. 정말이지 이해할 수 없는 일이었다.

02

그래서 난 공부에
미치기로 했다

🏠 공부 혐오증이 있던 내가 책을 잡은 이유

도대체 왜 이런 일이 벌어진 것일까? 전세가는 왜 이토록 미친 듯이
오르고, 승승장구하던 펀드는 왜 삽시간에 반 토막이 되었을까?
2000을 돌파했다고 레벨업이니 어쩌니 요란하던 코스피지수는 왜
한순간에 900선까지 고꾸라졌을까? 왜 고배당 펀드건 삼성그룹 적
립식펀드건 간에 단 하나의 예외도 없이 폭락했을까? 주가 하락이
미국에서 발생한 서브프라임 모기지 사태 때문이라는데, 미국과 우
리가 무슨 상관이기에 이런 일이 일어난 것일까?

　은행원 출신으로서 대본에 나와 있는 대로 앵무새처럼 펀드 권유
를 읊어대던 나는 당황할 수밖에 없었다. 더 어이없는 일은, 코스피

지수가 1000일 때 수천만 원의 손해를 보고 환매했건만 1년 만에 1900선을 회복했다는 사실이었다. 1년만 더 가지고 있었어도 수천만 원을 허공으로 날려버리지는 않았을 것이다.

물론 나 역시 주가가 오로지 상승만 하리라고 생각하지는 않았다. 아무리 경제에 대해 개념이 없어도 주가는 원래 상승과 하락을 반복한다는 사실은 알고 있었다. 그랬기에 펀드가 하락하기 시작했을 때는 마음이 크게 불편하지 않았다. 하락했으니 다시 상승할 것이다, 당장 필요한 돈도 아니니 묻어놓고 기다리면 된다 생각했다. 적어도 지수가 500~600포인트 빠질 때까지는 그랬다. 하지만 1000포인트가 빠지면서 정확히 반 토막이 나자 더는 견딜 수가 없었다. 이제 망했구나, 우리나라는 끝났구나 하는 생각밖에 들지 않았다. 다시 회복될지 아니면 계속 떨어질지 전혀 알 수가 없었다. 경제 기사를 봐도 단순히 지나온 과거를 말해줄 뿐 다가올 미래를 알려주지는 않았다. 2000에서 1000으로, 하락률은 50%지만 회복하려면 50%가 아니라 100%가 상승해야 한다. 100% 상승, 그것이 과연 가능한 일일까? 그 이상의 손실을 막으려면 파는 길밖에 없다고 생각했다. 그런데 1년 만에 가격이 회복된 것이다.

지수가 그렇게 널뛰기를 하는 이유는 뭘까? 전세가는 왜 이렇게 큰 폭으로 오르는 것일까? 집값은 앞으로 어떻게 될까? 집을 사야 할까, 말아야 할까? 산다면 언제 사야 할까?

궁금증이 끝없이 밀려왔다. 위기의식도 덩달아 몰려왔다. 홀벌이에, 전세가를 감당하지 못해 이사 다니느라 바쁘고, 투자 실패로 수천만 원을 날렸다. 이런 식으로 계속 가난하게 살 수는 없다. 미혼이라면 혹은 아이 없이 남편과 나뿐이라면 그나마 낫겠지만, 나는 엄마였다. 무책임한 부모가 되기는 싫었다.

정신이 번쩍 들었다. 그래서 공부를 하기 시작했다. 하고 싶은 일이 있으면 당장 해야 하는 성격이라 도서관에 가서 경제서들을 잔뜩 빌려와, 그날부터 홀린 듯이 읽기 시작했다. 낮에 혼자 누워서 자는 법이 없는 아이를 품에 안고 소파에 앉아 읽었고, 포대기로 둘러업고 집 안을 걸어 다니며 읽었다. 허리가 아프고 온몸이 땀으로 범벅이 됐지만 그렇게 하지 않으면 책 읽을 시간을 낼 수 없었다. 하지만 궁금했던 사실을 알아가는 뿌듯함과 놀라움으로 힘든 줄도 몰랐다.

🏠 아이 업고 독서 삼매경

밤이면 아이를 재우고 나서 또 책을 읽었다. 한 번 잡으면 마지막 페이지를 덮을 때까지 멈출 수가 없었다. 많이 읽은 날은 하루에 다섯 권을 읽기도 했다. 밤을 새우기 일쑤였다. 어떤 날은 경매 관련 서적을 읽고 나서, 거기서 받은 경매 사이트 무료 쿠폰으로 밤새 전국의 경매물건을 둘러보다가 아침을 맞기도 했다. 억지로 하라면 결코 하지 못했을 것이다. 경제에 눈을 떠가는 기쁨이 있었고 돈을 벌 수 있는 길을 알아가는 즐거움이 있었기에 시간 가는 줄 모르고 몰두한 것이다.

평생을 공부와 담쌓고 살아온 나였다. 장래희망이 전업주부였으니 군이 공부를 잘할 필요가 뭐 있는가. 필요성을 몰랐으니 재미도 느끼지 못했다. 으레 가야 한다기에 지방 사립대에 입학했고, 재학 중에도 리포트 한 장 내 힘으로 작성해본 적 없을 만큼 나는 게으르고 무능한 학생이었다. 리포트는 항상 수업 시작 직전에 친구들 것을 대충 베껴서 제출했다. 성적이 좋아야 한다는 의무감도, 시험을 잘 보고 싶다는 의욕도 없어서 시험 전날조차 책을 들춰보지 않았다. 대학에 입학했으니 이제 내 인생에서 공부는 끝이라고 생각했다.

이런 나를 부모님은 '먹고 대학생'이라고 불렀다. 공부보다는 노는 일에 집중하다 보니 돈 쓸 일이 많아져 몰래 아르바이트도 했다. 고깃집에서 서빙을 했는데 결국 부모님에게 발각되어 크게 꾸중을 들었다. 그때 부모님 말씀이 이랬다.

"지금 네가 1시간을 일하면 2,000원을 벌지만 그 시간에 공부를 하면 나중에는 1시간에 2만 원, 아니 20만 원도 벌 수 있다."

그래서 아르바이트를 그만두긴 했지만 그렇다고 그 시간에 공부를 하지도 않았다.

그렇게 공부와는 담을 쌓고 살던 내가 잠자는 시간을 아껴가며 공부하기 시작한 것이다. 아이에게 가난을 물려주어서는 안 된다는 분명한 이유와 펀드 손실을 만회하고 전셋집을 전전하는 생활을 끝내야겠다는 뚜렷한 목표가 생겼기 때문이다.

그뿐이 아니다. 텔레비전도 끊었다. 결혼과 퇴사와 유산과 출산을 겪는 동안 나의 유일한 취미는 텔레비전 시청이었다. 사실을 말하자면 오래전부터 텔레비전을 무척 좋아했다. 심지어 수능 치르기 일주일 전에도 〈가을 동화〉를 보면서 송혜교에 빙의하여 사랑의 아픔에 눈물을 흘렸다. 임신 중에는 소파에 드러누워 밤새 케이블 채널을 돌릴 만큼 텔레비전에 중독된 삶을 살았다.

그렇게 매일 너덧 시간씩 평생 텔레비전을 봤지만 내 인생은 전혀 달라지지 않았다. 하루에 광고를 수백 개씩 본다고 카피라이터가 될 수 있는 것도 아니고, 아침 드라마에 일일 드라마 · 수목 드라마 · 주말 드라마까지 챙겨 본다고 드라마 대본을 쓸 수 있는 것도 아니다.

하지만 경제 공부는 매일 꾸준히 하면 분명히 인생이 달라진다. 오늘보다 내일 이해할 수 있는 용어가 훨씬 더 많아지고, 1년 전에 어렵다고 덮어두었던 경제서를 오늘은 쉽게 읽을 수 있다. 그것은 내가 장담한다. 나도 그랬으니까. 그리고 인생이 바뀐다. 이것도 장담한다. 내가 그랬으니까.

BE THE RICH!

이 책만은 꼭 읽자

구체적인 투자법을 알려주는 책도 물론 좋지만 용기와 희망을 주는 책을 읽는 것도 추천한다. 아무리 돈이 있어도 용기가 없으면 투자를 못 하기 때문이다.

1. 경제 일반
《앞으로 10년, 돈의 배반이 시작된다》, 로버트 기요사키
《생존경제》, 최진기
《금리의 역습》, 염상훈
《자본주의(EBS 다큐프라임)》, EBS 자본주의 제작팀

2. 재테크 일반
《돈이 모이는 생활의 법칙》, 짠돌이카페 슈퍼짠 9인
《짠테크 전성시대》, 짠돌이카페 편 · 이보슬
《신혼 3년 재테크 평생을 좌우한다》, 짠돌이카페 소금 부부

3. 부동산 투자
《부자의 지도》, 김학렬
《노후를 위해 집을 이용하라》, 백원기
《나는 부동산과 맞벌이한다》, 너바나
《나는 상가에서 월급 받는다》, 서울휘(배용환)
《월세의 여왕》, 성선화
《부동산 타이밍 투자법》, 홍정한
《공매의 기술》, 송희창
《나는 집 대신 상가에 투자한다》, 김종율

4. 자기계발
《김미경의 드림 온》, 김미경
《리딩으로 리드하라》, 이지성
《뜨거워야 움직이고 미쳐야 내 것이 된다》, 김병완
《배려 깊은 사랑이 행복한 영재를 만든다》, 최희수

03
엄마의
투자 공부법

🏠 왜 다들 살림과 육아에 올인할까

요즘 같은 멀티미디어 시대에 공부를 하겠다고 마음만 먹는다면 그 방법은 거의 무궁무진하다. 그런데 나는 인류의 가장 위대하고 오래된 발명품인 책을 제일 선호한다. 들이는 시간 대비 가장 많은 정보를 얻는 방법이 '읽기'이기 때문이다.

'듣기'는 효율이 그리 높지 않다. 사람마다 다르겠지만 나에게는 듣기가 맞지 않았다. 너무 느렸다. 책을 한 권 읽는 데 하루가 걸린다면, 같은 분량의 정보를 '듣기'로 얻는 데는 사흘이 넘게 걸렸다. 게다가 아이 엄마라서 동영상을 보거나 강의 파일을 듣는 방법으로는 공부하기가 쉽지 않았다. 소리 때문이었다. 첫째는 19개월까지, 둘째는 18개월까지, 셋째는 16개월까지 모두 젖을 먹여 키웠다. 아이들은 밤중에도 몇 번씩 깨는데 특히 첫째는 밤중에 서너 번씩, 많게는 열 번씩 깨곤 했다. 이어폰을 이용하면 자는 아이들에게 방해가 되지는 않지만, 자다 깬 아이의 울음소리를 내가 듣지 못했다. '듣기'보다 '읽기'를 선택한 데는 이런 이유도 있었다.

자다 깬 아이들을 다시 재우느라 정신이 없는 와중에도 한 손으로 책장을 넘길 정도로, 나는 책이 좋았다. 그렇게 책을 읽었고, 그러다 보면 또 다른 책을 읽고 싶어졌다. 서브프라임 모기지 사태가 왜 일어났는지 궁금증이 풀리면, IMF 사태는 왜 일어났는지가 궁금해졌다. 《화폐전쟁》을 읽고 금융의 역사를 알게 되면 금리에 대해 궁금증이 일어 《금리의 역습》을 읽었고, 금리의 역습을 당하지 않고 돈을 벌려면 어떻게 해야 하는지 궁금해져 《왕비 재테크》를 읽었다. 이런 식으로 독서의 범위가 점점 확장되어갔다. 나중에는 사회과학, 고전, 인문 분야의 책도 읽게 되었다.

책 한두 권으로는 성에 차지 않았다. 그래서 식구 수대로 도서관 카드를 만들어 내 카드로 5권, 남편 카드로 5권, 아이 카드로 5권, 이렇게 한 번에 10권 이상씩 책을 빌려다 봤다. 도서관에 가면 황홀했다. 세상에는 이렇게나 많은 책이 있고 나는 필요한 책을 얼마든지 빌려다 볼 수 있었다. 병원에는 아픈 사람만 있고 도서관에는 책 읽는 사람만 있다. 책 읽는 사람들 사이에 있으면 더 열심히 공부해야겠다는 자극을 받게 된다. 도서관 옆으로 이사 가는 것이 소원일 만큼 도서관이 좋아서 틈나는 대로 갔다.

마트에 갈 때도 나는 책 코너로 달려갔다. 남편이 아이들과 함께 장을 본 다음 나를 데리러 오곤 했다. 읽고 싶은 책은 많은데 시간은 늘 부족했기에 어쩔 수가 없었다. 사실 마트 가는 시간뿐 아니라 청소하고 빨래하고 요리하는 시간, 사람 만나는 시간도 아까웠다. 나도 한때는 산후조리원 동기나 이웃의 아이 엄마들과 하루가 멀다고 어울렸다. 돌이켜보면 가장 후회되는 시간이다. 이웃 엄마들과 키즈 카페를 전전하며 시간과 돈을 소비했지만, 나에게도 아이에게도 남는 것이 없었다. 그 사람들은 다 나와 비슷한 또래, 비슷한 환경, 비슷한 삶을 사는 이들이어서 만나면 마음이 편했다. 일상적인 잡담, 아이 키우는 이야기가 전부였지만 시간 가는 줄 모를 정도로 즐거웠다. 하지만 그런 시간이 모이면 어마어마해진다. 다들 좋은 사람이었지만 그렇게 보낸 시간이 아까운 게 사실이다.

책에 푹 빠지고부터는 시간도 없었거니와 굳이 엄마들 모임에 나가거나 친구들을 만나려 애쓰지 않았다. 아이 키우는 주부는 사람 한 번 만나려면 직장에 다니는 여성이나 아이가 없는 주부보다 신경 쓸 일, 미리 챙겨놓아야 하는 것들이 훨씬 많다. 그렇게 어렵게 나가서는 또 시간과 돈을 써야 한다. 감정 소모도 적지 않다. 나보다 잘나가는 친구를 만나기라도 하면 괜히 기가 죽고 내 인생은 왜 이 모양인가 우울해지기도 한다.

인간관계 유지라는 명목으로 사람들을 자주 만나려고 애쓸 필요 없다. 그보다는 훗날 부자가 되어 비싼 밥을 사는 당당한 나의 미래를 떠올리거나 그 시간에 책 한 줄이라도 더 읽는 편이 낫다.

전업주부는 육아에 치이고 살림에 치이느라 공부할 물리적인 시간도, 심리적인 여유도 없다. 그래서 따로 시간을 확보해야 한다. 돈을 아끼는 것보다 시간을 아끼는 것이 더 중요하다. 나는 사람도 거의 만나지 않았지만 집안일도 의도적으로 열심히 하지 않았다. 집 안을 쓸고 닦는 일보다는 아이와 놀아주는 일이 더 중요했고, 그다음으로 중요한 것이 경제 공부였다. 전업주부들은 집안일을 잘해야 한다는 강박 같은 것을 가지고 있다. 나가서 돈을 버는 것도 아닌데 살림을 소홀히 하면, 의무를 팽개치는 것 같고 남편 보기도 미안하다고 느낀다. 그래서 대부분의 전업주부는 아이가 어린이집에 가고 나면 집을 쓸고 닦는 일부터 한다. 하지만 집을 깨끗하게 청소하고 매일 저녁 근사한 밥상을 차린다고 해서 장래가 밝아지고 돈이 생기는 것은 아니지 않는가.

나는 미래지향적이고 생산적인 일을 하고 싶었다. 아이를 어린이집에 보낸 그 황금 같은 시간을 몽땅 집안일에 쓰고 싶지 않았다. 그래서 청소는 30분 내로 뛰어다니면서 했고, 설거지도 시계를 봐가며 10분 내로 해치웠다. 음식을 하기 전에는 어떻게 하면 시간을 단축할까 고민한 후 칼을 들었다. 자연식품을 구입하되 손이 많이 가는 식재료는 피했다. 일테면, 다듬는 시간이 너무 아까워 콩나물보다는 두부와 청국장을 먹는 식이었다.

다행인 것은, 그런 나를 남편이 이해해줬다는 것이다. 집이 지저분하다고 불평을 늘어놓거나 나를 비난한 적이 한 번도 없다. 그 시간에 내가 얼마나 열심히 책을 읽는지 잘 알기 때문이다. 남편은 대전의 8개 도서관을 순회하며 책을 빌려오고 반납하는 일을 도맡아 해주는 고마운 지원자이기도 했다.

🏠 시간관리에 목숨을 걸어라

남자들은 아내가 집에서 노는 줄 알지만, 사실 주부에게는 시간이 없다. 집안일은 열심히 해도 별 티도 나지 않을뿐더러 하자고 맘먹으면 정말 끝이 없다. 그래서 나는 어떤 일을 할 때마다 천천히 느긋하게 하는 것이 아니라 계획한 시간까지 마칠 수 있도록 전투를 벌이다시피 했다. 자기 전에 다음 날 해야 할 일들을 시간대별로 정리하고, 아침에 눈을 뜨자마자 다시 한 번 확인하고 변동사항이 없는지 체크한다. 그리고 일과 중 지연되는 일은 어떻게 처리할 것인지를 고민한다. 이렇게 하면 하루에 정말 많은 일을 할 수 있다. '오늘 할 일을 내일로 미루지 마라. 내일 할 일은 이미 충분하다' 가 나의 신조다.

시간을 관리하는 데 플래너가 매우 큰 도움이 되었다. 아이가 셋에 남편도 나도 맏이여서 부모님도 챙겨야 하니 기억해야 하는 집안 대소사가 많다. 워낙 머리가 나쁜 데다 덜렁거리는 성격이라 플래너를 구입해서 그날의 일정을 모두 적는 버릇을 들였다. 프랭클린 플래너는 시간관리에 정말 효율적이다. 시간대별로 내가 해야 할 일을 적어놓고 A · B · C로 우선순위를 표시한 다음, 실행을 완료하면 체크를 해나가는 방식이다.

1월 14일 목요일
- [x] 3천만원 계약금 입금 영수증 보내기.
- [x] 낭월동 임장가기
- [x] 문고리 틈 고치기, 밥통주문, 와이파이설치
- [x] 한용운 채근담
- [x] 12시 상담전화

1월 15일 금요일.
- [x] 7시 30분기상 씻고 화장.
- [x] 8시 30분 아이들 보내기
- [x] 9시 40분에 버스타기
- [x] 10시 내용증명 강의 선착순 댓글 신청하기.
- [x] 10시 30분 무궁화 출발
- [x] 12시 30분 - 종각역 이동
- [x] 1시 경부 까페지기
- [x] 3시 30분 길목님
- [x] 7시 호빵님

외부에서 이동이 많을 때는 이처럼 스마트폰 에버노트로 일정을 기록하고, 집에서는 노트에 일목요연하게 정리한다.

갑자기 누가 놀러 가자거나 손님이 찾아오면 오늘의 계획이 틀어진다. 그렇다고 내일로 미룰 수도 없는 것이 내일은 또 내일의 계획이 있기 때문이다. 그래서 될 수 있으면 플래너에 적혀 있는 일이 아니면 하지 않으려 애썼다.

플래너와 함께 내가 보물처럼 아끼는 것이 또 하나 있는데 바로 '부자노트'다. 책에서 알게 된 중요한 내용을 옮겨놓기도 하고 의문점을 적기도 한다. 관심이 가는 부동산 정보도 적고, 새로 생긴 경제정책에 대한 내 생각도 기록해둔다. 나의 목표도 상세히 적어놓는다. 그것이 맞든 틀리든, 시간이 흐르고 나면 큰 재산이 된다는 것을 나는 경험으로 알게 됐다.

셋째를 낳고 산후조리를 하던 때부터 부자노트를 열심히 썼다. 신생아는 대부분 잠을 자면서 하루를 보내므로 책 읽을 시간이 많았다. 셋째를 낳고서는 매일 새벽 2~3시까지 부자노트에 필기를 해가며 공부했다. 출산 직후라 손가락 마디가 아팠지만 멈출 수가 없었다. 재미있는 것은, 첫째와 둘째 산후조리 기간에는 늘 졸리고 피곤했는데 이때는 낮잠도 전혀 자지 않았음에도 오히려 활력이 넘쳤다는 것이다. 공부에 빠지니 달라진 것이다. 책은 분명 인생을 바꾼다.

04

자본주의 시스템을
이해하라

🏠 책의 숲에서 돈의 길을 찾다

둘째가 어느 정도 크면서 첫째와 둘째가 모두 어린이집에 가니 집에는 셋째만 남았다. 셋째는 아직 젖먹이라 손이 덜 가 아이가 둘일 때보다 오히려 공부하기 좋았다. 이때부터 더욱 집중적으로 책을 읽었다. 그렇게 읽은 책들을 통해 은행에 근무할 때 회사에서도 알려주지 않던 자본주의 시스템과 화폐의 비밀을 알게 되고, 경제의 큰 흐름을 볼 수 있게 되었다. 내 펀드가 왜 반 토막이 났는지, 그리고 왜 그렇게 얄미울 만큼 빨리 회복되었는지도 이해하게 되었다.

세계 경제가 서로 긴밀히 연결되어 어느 한 나라가 망하면 다 같이 망하는 시대가 되었다. 지금은 대전에 있는 내가 미국 채권도 살 수 있고 브라질 국채에도 투자할 수 있다. 그리스 국채가 디폴트(채무 불이행 상태)되네 마네 시끄러웠던 것은, 그렇게 되면 그리스에 투자한 이들의 손해가 막대해지고 다른 나라에도 연쇄반응을 일으키기 때문이다.

미국이 금리를 올리면 우리나라 투자 환경이 나빠지는 이유도 같은 맥락이다. 선진국일수록 경제 성장률이 낮고 금리도 낮다. 미국도 일본도 제로 금리다. 쉽게 말해 은행에 돈을 맡겨도 이자수익을 얻을 수 없다는 얘기다. 그래서 선진국들의 자본이 개발도상국이나 소위 후진국으로 가는데, 그런 나라들은 불안하고 리스크가 크다. 그에 비해 한국은 안전한 편이다. 이율이 높지는 않지만 미국이나 일본보다는 낫고, 잘 돌아가는 기업들도 꽤 있다. 하지만 미국이 금리를 올리는 순간 한국은 메리트가 없어진다. 미국에서 안정적인 수익을 얻을 수 있으니, 굳이 리스크를 안고 한국에 투자할 이유가 없는 것이다. 해외 자금이 빠져나가면 국내 주식시장은 당연히 주가 폭락을 겪게 되고, 주식시장에서 자금 조달이 어려워져 기업이 경영난에 처하면 개인도 일자리를 잃는다. 이와 같은 연쇄반응의 대표적인 예가 1998년 한국의 IMF, 2008년 미국발 금융위기다.

그런데 2008년 금융위기는 왜 그렇게 빨리 회복됐을까? 미국이 경기 침체에서 벗어나기 위해 지속적으로 양적 완화를 했기 때문이다. 경제를 살리기 위해 돈을 엄청나게 풀었다는 뜻이다. 그러므로 경기 침체에서 벗어난 것은 유동성이 개선되어서이지 경제 사정이 나아져서가 아니었다. 이는 문제가 근본적으로 해결되지 못했다는 의미다. 더욱이 또 다른 문제 요소가 있는데, 유동성이 과해지면 인플레이션을 불러온다는 것이다. 미국이 어마어마한 돈을 풀었듯이, 어딘가에서 돈을 마구 찍어내면 물가가 급격하게 오른다. 저성장 시대인데 물가가 끊임없이 오르는 이유는 유동성 때문이다. 경기가 좋지 않으니 돈을 찍어내고, 돈이 흔해지니 물가가 오른다. 그런데 월급은 그만큼 오르지 않는다. 갈수록 살기가 팍팍해지는 것이다.

설상가상으로 은행 예금이자가 제로에 가까워진 상황이라, 앞으로는 월급 모아 꼬박꼬박 저축만 해서는 결코 부자가 될 수 없다. 경제 성장률이 높았을 때는 금리도 매우 높았다. IMF 시절에는 금리가 20%에 달하기도 했다. 중학생이던 1998년, 세뱃돈 20만 원을 20% 이율의 정기예금에 넣었었다. 만기가 되었을 때 거저 생긴 이자가 얼마나 가슴 떨리게 기뻤던지 봉투를 열어보고 또 열어보고 했던 기억이 난다. 1억 원을 넣어놓으면 연 2,000만 원이 생기니 빨리 어른이 돼서 큰돈을 은행에 넣어두겠다는 야무진 꿈도 꾸었다. 그러나 그 꿈은 물거품이 되어버렸다. 우리 부모님 세대만 해도 저축만 열심히 하면 자식들 공부시키고 집도 살 수 있었다. 하지만 이제는 투자를 하지 않는 한 내 집 마련은커녕 먹고살기도 힘들어졌다.

🏠 부동산이 안전한 이유

책을 통해 자본주의의 구조와 경제의 흐름을 알게 된 후, 더는 돈의 노예로 살지 않으리라 결심했다. 주식 투자에 관한 책을 열심히 읽고 난 후라 주식 투자를 해보기로 했다. 그러나 하필 작전주('작전 세력'에 의해 가격이 조작된 주식)를 매수하는 바람에 주가 폭락에 거래 정지까지 맞았다. 그러고 나서도 인버스 상품을 사면 주가가 오르고, 레버리지 상품을 사면 주가가 내렸다. 우리나라 주식시장은 대외 악재에 매우 민감하다. 미국이 기침만 한 번 해도 한국은 독감에 걸린다고 얘기할 정도다. 세계 유일의 분단국가로서 북한이라는 변수도 크게 작용한다. 북한이 포 한 번만 쏴도 멀쩡하게 잘 돌아가는 기업조차 주가가 뚝뚝 떨어진다. 결국 주식에는 손을 대지 않기로 했다.

이번에는 달러 투자에 도전해보기로 했다. 마침 환전수수료를 할인해주는 은행이 있다기에 유모차를 밀고 40분을 걸어 찾아갔다. 그런데 창구에서 막 구입하려는 찰나, 아침보다 환율이 5% 이상 올라 있는 게 아닌가. 내가 아까 예약한 가격과 다르다고 직원에게 항의했지만 환율은 수시로 변한다는 대답뿐이었다. 물론 창구 직원으로서는 당연한 대답이다. 그래도 하고 싶은 일은 꼭 해야 하는 성미라 달러를 사서 비교적 이자가 높은 외환예금 통장에 넣고 돌아왔다. 집에 돌아와서, 왜 환율이 갑자기 올랐는지 궁금해 기사를 검색해봤다. 달러 대비 원화의 가치가 상승하자 정부에서 환율 방어를 했다는 게 아닌가. 조금만 더 일찍 갔어도 훨씬 저렴한 가격으로 구입할 수 있었는데! 그 이후 예상과 달리 환율은 계속 제자리걸음을 했고, 얼마간 추세를 보다가 매도했다. 결국 살 때와 팔 때의 환전수수료만 날린 셈이니 달러 투자는 실패였다.

그렇다면 이제 어디에 투자해야 할까? 경제서들을 읽으면서 2008년 금융위기 이후 미국이 막대한 규모의 양적 완화를 하고 있다는 사실, 내가 가지고 있는 돈이 마구 찍어낼 수 있는 종잇조각에 불과하다는 사실을 알고 배신감을 느꼈다. 특히 로버트 기요사키의 책《앞으로 10년, 돈의 배반이 시작된다》는 엄청난 충격이었다. 안 먹고 안 입고 알뜰히 돈을 모아봤자 화폐가치가 떨어지면 무슨 소용인가? 내 돈을 지키기 위해 나는 무엇을 해야 할까?

답은 실물 자산에 투자하는 것이었다. 그래서 이번에는 전 세계에서 동일한 가치로 통용되는 금에 투자하기로 마음먹었다. 때는 2011년 봄, 금값이 많이 올라 있었다. 그때만 해도 왜 오르는지는 몰랐고, 금이니까 오르려니 하는 생각만 했다. 결혼할 때 산 남편의 순금 목걸이가 3배 가까이 올랐다고 생각하니 기분이 좋아 당장 금을 사러 달려갔다. 1돈당 20만 원에 순금을 구입해 은행 금고에 넣어두었다. 이후 금값은 최고 25만 원까지 가더니 지지부진한 흐름을 보였고, 2016년 현재는 19만 원 정도 한다. 이처럼 달러와 금은 가격 변동성이 너무 컸다. 또한 금은 시세가 실물 금이 아니라 미국의 금 중개기관 킷코(KITCO)에서 산출하는 지수에 좌우되기 때문에 환율의 변동에도 영향을 받았다.

변동성이 큰 투자를 몇 번 해보고 나니 부동산이 얼마나 안전한 투자처인지를 깨닫게 됐다. 특히 대출을 받을 수 있다는 점이 매력적이었다. 은행에 가서 "달러랑 금을 사려고 하니 담보대출을 해주세요"라고 말하면 대출을 해주겠는가? 하지만 "제가 지금 집을 사려고 하니 담보대출을 해주세요"라고 하면 어떤 은행이든 얼씨구나 하고 돈을 빌려준다.

부동산은 가격 하락폭도 크지 않다. 요즘은 전세가율이 매매가의 90%에 달하는 등 전세가가 매우 높기 때문에 주식처럼 2억 원짜리가 1억 원으로 반 토막이 난다거나 원금이 모두 사라지는 일은 일어나지 않는다. 주식은 상장폐지가 될 수 있지만 부동산은 가격이 하락하더라도 그 가치는 영원히 남아 있다.

그런데 이런 부동산에 우리 부모님들은 왜 열심히 투자하지 않았을까? 어른들의 이야기를 들어보면 수십 년 전 시골 땅값은 평당 몇천 원이었고, 도시에 있는 단독주택도 몇백만 원이면 살 수 있었다고 한다. 그토록 땅값, 집값이 싼데 왜 쓸어 모으지 않은 것일까? 물론 우문이고, 답은 간단하다. 수입이 몇만 원밖에 되지 않았기 때문이다. 그때도 집을 사려면 오랜 기간 저축을 해야 했고, 대출을 받아 집을 사는 것은 부담스러운 일이었다. 인플레이션, 그러니까 통화량이 많아지면서 화폐가치가 하락한다는 점을 일찌감치 이해한 일부 현명한 사람들만 대출을 받아 부동산을 사들였다.

내가 여기서 말하고자 하는 것은, 부동산이 오른 것이 아니라 돈의 가치가 하락했다는 얘기다. 버스요금이나 짜장면값이 오른 것이 아니라 돈의 가치가 떨어졌다는 뜻이다. 몇 년 전과 비교하면 월급이 오른 것 같지만, 실제로는 오른 것이 아니다. 물가가 더 빠른 속도로 올랐기 때문이다. 그래서 삶의 질이 나아지지 않는 것이다.

경제 성장률이 높던 IMF 이전에는 기준금리가 높아 대출금리 역시 높았지만 소득이 이를 감당할 수 있었다. 기업이 잘되니 급여 인상도 원활했다. 부동산에 투자하면 무조건 올랐다. 하지만 전 세계가 저성장 국면에 접어든 지금은 오르는 부동산만 오른다. 모든 부동산이 아니라 특정 지역, 특정 상품에 한해서 오른다. 그것을 알아보는 눈을 키우기 위해서라도 공부를 해야 한다.

사람들은 모두 부자가 되고 싶어 한다. 하지만 자본주의 사회에 살면서 자본이 어떻게 움직이는지에 대해서는 관심이 없고, 당장의 유행과 소비에만 관심을 둔다. 책을 읽고 공부하면서 나는 자본주의 사회에서 어떻게 살아가야 할지 길을 찾았다.

 **BE THE RICH!**

인버스와 레버리지

인버스는 '거꾸로'라는 말 그대로 주가지수가 하락하면 수익이 나는 상품이다. 즉 주가지수가 내려갈 듯할 때 인버스를 사면 돈을 벌 수 있다. 레버리지는 '지렛대'라는 의미로, 지수 변동률의 배수를 적용하는 상품이다. 예컨대 지수가 10 오르면 20의 상승치를 적용한다. 상승폭이 2배인 만큼 하락폭도 2배이므로, 그만큼 변동성이 크고 리스크가 큰 상품이다.

05

금을 캐는 마음으로
정보를 캐라

🏠 투자 고수들의 노하우를 내 것으로 만들어라

경제 관련 서적을 닥치는 대로 읽던 나는 부동산이 내게 맞는 투자
방법이라는 확신이 들고부터는 부동산 관련 책을 주로 읽기 시작했
다. 그러다 보니 어느 순간, 도서관에 있는 책은 거의 다 읽은 것 같
은 느낌이 들었다. 그때부터는 최근에 나온 책을 골라 읽기 시작했
다. 매달 남편 이름으로 2권, 내 이름으로 2권 총 4권의 희망도서를
신청해서 신간을 읽었다. 기저귓값조차 벌지 못하는 전업주부였기
에 1만 4,000원이라는 책값도 큰 부담이었다. 저자 직강을 들으러
가서 사인을 받을 요량이 아니면 감히 새 책을 사는 일은 엄두도 내
지 못했다. 그렇게 희망도서를 신청하여 신간을 읽다가 온라인 중고

서점을 만나면서부터 책을 구입하기 시작했으니, 서점에서 책을 산 지는 그리 오래되지 않은 셈이다.

자본주의 시스템을 이해하거나 세계 경제의 흐름을 아는 데에는 10년 전 책이든 5년 전 책이든 모두 도움이 된다. 또 한 권으로도 저자의 생생한 경험에서 나온 농축된 정보를 얻을 수 있으니 책처럼 귀한 것이 없다. 그래서 좋은 책을 발견했는데 절판되어 구할 수 없을 때면 중고서점을 샅샅이 뒤져서라도 찾아 읽었다.

하지만 독서를 통해 얻은 정보만으로는 투자에 나서기에 충분치 않다는 생각이 들기 시작했다. 책은 실시간 업데이트가 되지 않기 때문이다. 최신간이라 해도 최소 6개월에서 몇 년은 지난 정보와 스토리가 담겨 있다. 요즘처럼 빠르게 변하는 세상에서 6개월은 예전의 몇 년에 맞먹는다. 그래서 전문가에게 현재 시점의 이야기를 듣고 싶다는 열망이 갈수록 강해졌다. 이는 굳이 투자만이 아니라 어떤 분야이든 당연히 샘솟는 열망이라 생각한다. 한 분야의 책을 깊게 읽고 나면 어느 순간부터 궁금한 점을 묻고 더 깊은 대화를 나누고 싶어지지 않는가. 관심 분야가 같은 사람, 내 인생의 멘토가 되어주거나 꿈과 비전을 심어줄 수 있는 사람을 만나고 싶어지기도 한다.

그러나 전업주부인 나는 아이 엄마들을 제외하면 새로운 사람을 만날 기회가 거의 없었다. 방법을 찾다가, 인상 깊게 읽은 책의 저자가 운영하는 블로그나 SNS를 이용해야겠다는 생각이 들었다. 그곳에서 저자는 물론 다른 독자들과도 소통하다 보니 저자의 강의 정보를 접하게 됐고, 강의를 들으러 직접 가기 시작했다. 처음에는 저렴하고 쉬운 강의부터 들었다. 초등학생이 미적분 과외를 받아봐야 소용이 없듯이, 내가 어느 정도 알고 있는 분야여야 발전이 있을 거라고 생각했다. 배경지식이 없으면 아무리 비싸고 좋은 강의도 무용지물이기 때문에 예습도 열심히 했다. 강의를 들으면 반드시 부자노트에 적어 열심히 복습했다.

강의를 찾아 듣다 보니 무척 유용한 방법임을 알게 됐다. 책이나 인터넷에 오픈된 정보보다 희소가치가 있고 신속한 정보를 얻을 수 있어서다. 남편이 아이들을 돌봐줄 수 있는 날로 한정되긴 했지만, 좋은 강의가 있으면 전국 어디든 찾아갔다. 그리고 나서는 수강비로 지출되는 돈을 메우기 위해 더 치열하게 아끼고 절약했다. 한 달짜리 강의를 들으려면 대개 수십만 원이 필요했다. 홑벌이 가정에서 전업주부가 쉽게 지출할 수 있는 금액이 아니었기에 남편을 설득해야 할 때도 있었다.

"투자하는 셈 치고 도와줘요. 앞으로 그 몇 배를 벌 테니."

강의라는 것이 한 번 듣기 시작하면 한두 달로 끝나는 게 아니었다. 심화 과정을 듣거나 또 다른 분야에 관심이 생기는 등 끝이 없었다. 총 5회에 100만 원이 드는 토지 투자 강의도 들었다. 생활비는 아껴도 강의를 듣는 비용은 아끼지 않았다. 강의를 들을수록 우물 안 개구리가 점점 더 넓은 우물로 옮겨가는 느낌이 들었고, 점차 자신감도 붙었다.

🏠 댓글에서 발견한 MB의 선물

오프라인에서 강의를 듣는 것과 더불어 온라인에서는 커뮤니티 활동을 했다. 인터넷 공간이 매력적인 까닭은 무엇보다 시간적·물리적 제한이 없다는 것이다. 한밤중이든 이른 아침이든 내가 원하는 시간에 얼마든지 투자 선배들을 만날 수 있었다. 같은 관심사를 가진 사람들이 모여 정보를 주고받기 때문에 한층 생생하고 흥미로운 이야기들을 접할 수 있다는 점도 크나큰 이점이었다.

내가 가입한 경제·부동산 관련 커뮤니티는 100개가 넘는다. 새로운 카페에 들어갈 때마다 신세계가 펼쳐지는 듯해서 가입을 안 할 수가 없었다. 많은 사람의 경험을 접하는 것은 책을 읽는 것만큼이나 사고를 확장시켜주는 자극이었다.

실시간으로 정보를 접할 수 있다는 것도 또 다른 매력이었다. 일테면, 2014년만 해도 2·26 전월세대책으로 혼란스러웠던 것이 엊그제 같은데 몇 달 지나지 않아 7·24 경기부양대책이 나왔다. 이런 정책들이 부동산 투자에 어떤 영향을 미칠지 투자 고수들의 의견을 들을 수 있는 곳이 바로 그 커뮤니티들이었다. 정책의 변화, 시대의 흐름을 읽어내기에 책은 한 박자 늦다. 현대인은 이제 '9시 뉴스'도 기다리지 않는다. 포털 사이트에 뜨는 뉴스가 훨씬 빠를 뿐 아니라 댓글을 통해 여론도 짐작할 수 있기 때문이다. 21세기를 사는 투자자라면 온라인을 적극적으로 활용해 따끈따끈한 정보를 수집할 줄 알아야 한다.

그런 정보들을 얻기 위해 내가 처음 가입한 재테크 커뮤니티가 텐인텐이었다. '맞벌이 부부 10년에 10억 만들기'여서 텐인텐인데, 80여만 명의 회원을 보유한 만큼 유익한 정보가 무척 많았다. 나는 1년 이상을 이곳에 집중해서 올라오는 전체 글을 하루도 빠지지 않고 읽었다. 투자에 성공한 많은 이들이 그렇게까지 할 필요는 없다고 하지만, 나는 생각이 다르다. 보통 1개의 게시글을 보는 데 1분이 걸린다. 댓글 수가 많은 게시글 위주로 빠르게 훑어보는데, 그러면 1시간에 60개를 볼 수 있다. 매일 1시간에 60명을 만나 그들의 경험과 의견을 듣는 셈이다. 오프라인에서는 불가능한 일이다.

경험상 '시간 날 때 틈틈이'보다는 아예 작정하고 시간을 할애하고 목표를 잡은 뒤 집중하는 게 효과가 높았다. 게시글이나 댓글에서 몰랐던 정보나 중요한 이야기를 보게 되면 부자노트에 메모해두었다가 따로 공부해서 개념을 잡았다. 처음에는 주식, 부동산 등 경제의 흐름을 회원들의 생각과 의견을 통해 읽었다. 우문현답이라고 질문은 시원치 않은데 수준 높은 답변을 해주는 고수들이 많아 특히 댓글을 열심히 읽었다. 성실한 댓글이 금방금방 달리기 때문에 나도 질문을 많이 했다.

그러던 어느 날, '부동산 방'의 글을 보다가 "MB의 선물을 받으셔야죠"라는 댓글을 발견했다. 이명박(MB) 정부의 대표적인 부자 감세 정책인 '다주택자 한시적 소득세 완화 특례법'에 관한 내용이었다. 2009년 3월 16일부터 2012년 12월 31일까지 취득한 주택은 보유기간이 2년 이상이면 다주택자에 대한 중과세를 적용하지 않고 평생 일반과세를 적용한다는 것이었다. 다만 보유기간이 1년 미만이면 50%, 1년 이상 2년 미만이면 40%의 세율이 적용됐다(지금은 1년 이상 보유 시 일반과세를 적용하는 것으로 바뀌었다).

집이 여러 채면 양도세가 50%씩 나오기 때문에 취득세, 중개수수료, 양도세를 빼고 나면 수익이 거의 없다. 아파트 투자를 시작했지만 그래서 다주택자가 되기를 꺼렸고, 투자하고 싶은 곳이 생겨도 꾹 참았다. 그런데 2009년부터 그 제도가 시행되고 있었다는 것이다. 나는 3년 동안이나 까맣게 몰랐다. 내 주변에서도 아는 사람이 아무도 없었다. 부모님께 말씀드리니 그런 말도 안 되는 정책이 어디 있느냐며 믿지 않으셨다.

법제처 사이트에 들어가 검색해보니 사실이었다. 재확인을 위해 다음 날 아침 국세청 콜센터에 전화를 걸었다.

"다주택자 한시적 소득세 완화 특례법에 대해 궁금해서요. 정말 이 기간에 집을 사서 2년을 보유하면 평생 일반과세인가요? 100채를 사도요?"

대답은 '그렇다'였다. 온몸에 전율이 흘렀다.

지금이야말로 기회다. 은행에 있는 돈을 모두 빼서 아파트에 최대한 많이 투자해야 한다. 나는 바로 아이를 업고 부동산으로 달려갔다.

그날 이후 나는 기사보다는 커뮤니티에서 사람들이 나누는 이야기를 더 주의 깊게 읽었다. 그토록 중요한 정보를 아는 사람이 드물다는 사실이 정말 충격적이었다.

이처럼 온라인 커뮤니티에서는 귀한 정보를 얻을 수 있다. 사실에 관한 정보는 물론, 사람들의 심리를 읽어내는 데에도 도움이 된다. 부동산 경기가 실제로 어떻든 간에 부동산 투자는 사람들의 심리를 잘 읽어야 실패하지 않는다. 전문가가 어떻게 분석하고 뉴스에서 뭐라고 말하는지가 중요한 게 아니다. 사람들의 심리를 알면 현명한 투자를 할 수 있다. 이를테면 자신이 거주하고 있는 지역이 살기에 무척 좋아 사람들이 선호하는 곳인데도 매매가와 비슷한 금액에 전세를 사는 사람들이 많다. 집값이 떨어질 것이라는 얘기를 여기저기서 수도 없이 듣기 때문이다. 하지만 그런 세입자들이 많을수록 전세가가 폭등하고 매매가 역시 동반 상승한다.

커뮤니티, 강의, 책 이 세 가지로 나는 고3 수험생보다 더 독하게 공부했다. 투자의 세계에서 정보와 지식에 뒤처지는 것은 돈을 잃는 가장 쉬운 길이고 내 가족의 미래를 위협하는 무서운 일이다.

06

사람들의 심리를
공부하라

🏠 부동산 투자는 심리학이다

대부분의 엄마가 그러하듯 나 역시 임신을 하면서부터 육아서를 찾아 읽기 시작했다. 타고난 내 그릇과 인성으로는 훌륭한 엄마가 될 자신이 없었기 때문에 남들보다 더 많이, 더 마음에 새겨가며 읽었다. 미리 공부를 해둠으로써 아이를 키우면서 겪게 될 시행착오를 최대한 줄이고 싶었다. 낫지 않는 아토피를 달고 사는 아이들, 몸뿐 아니라 마음이 병든 아이들이 점점 늘어나는 세상에서 어떻게 하면 내 아이를 건강하고 행복하게 키울 수 있을까? 어떻게 하면 인생을 즐기는 사람이 되게 할 수 있을까? 어떻게 하면 타인의 시선에 얽매이지 않고 하고 싶은 일을 자유롭게 하면서 살게 할 수 있을까?

아이를 낳고 기르면서부터는 아이의 마음을 제대로 읽고 적절히 반응하는 방법을 배우고 싶었다. 해답은 책 속에 다 들어 있었다. 나는 책에서 읽은 대로, 응용도 해가면서 아이들을 대했다. 이제는 아이가 왜 화가 났는지, 지금 어떤 생각을 하는지, 어떻게 해야 좋아하고 어떻게 하면 싫어할지 눈에 훤히 보인다.

내 인생에 심리학이 도움되리라고 생각해본 적은 한 번도 없었는데, 아이를 키우는 데는 물론 부동산 투자에도 뜻밖에 큰 도움이 되었다. 부동산 투자는 물건을 상대하는 일이 아니라 사람을 상대하는 일이기 때문이다. 집 1채만 하더라도 만나야 하는 사람이 한둘이 아니다. 부동산 중개업자부터 매도자(또는 매수자), 세입자, 수리업자는 기본이고 때로는 공무원, 아파트 관리사무소 소장까지 만나야 한다. 그때마다 상대의 심리를 탐색해야 하고, 이를 바탕으로 설득하여 협상을 유리하게 이끌어야 한다.

🏠 미안해하게 만들라

예를 들면 이런 상황이 있다. 내가 투자한 집의 전세보증금을 올려받으려 하는데 세입자는 그렇게 못 하겠다고 한다. 타협이 안 되니 나는 부동산중개소에 전세를 내놓았지만, 세입자는 집을 보여주지 않는다. 계속 살고 싶은 것이다. "맞벌이라 저녁에만 집에 있어요", "주말에는 친정에 가야 해서 안 돼요", "며칠 여행을 가요" 등 계속 핑계를 댄다. 이렇게 세입자가 집을 보여주지 않으면, 내가 원하는 가격에 전세를 놓을 수 없다. 집을 사거나 팔 때도 마찬가지다. 집을 매수했는데 때맞춰 전세를 놓지 못하면 잔금을 못 내게 될 수도 있다.

처음으로 부동산 투자를 한 지인 한 분이 실제로 세입자가 집을 보여주지 않아 애를 먹었다. 나는 세입자에게 각기 다른 과일로 세 상자를 보내고 이렇게 말하라고 조언했다.

"제 집이니 제가 보여줘야 하는데, 저 대신 보여드리게 해서 죄송합니다. 너무 죄송해서 과일을 보냈어요. 조금밖에 못 보냈지만 맛있게 드셨으면 좋겠습니다."

세입자는 어떤 반응을 보였을까? 그렇게 애를 먹이던 사람이 다음 날 바로 부동산중개소에 집 열쇠를 맡겼다고 한다.

사람의 심리라는 것이 내가 무언가를 받으면 나도 반드시 무언가를 주게 되어 있다. 화장품 외판원이 와서 샘플을 계속 주는 것도 그 때문이다. 누군가에게 신세를 지면 미안해지게 마련이다. 그 미안한 감정을 이용하는 것이 마케팅의 포인트다.

그래서 세입자의 마음을 헤아릴 줄 알아야 한다. 육아를 위해 읽었던 심리학 서적들, 그리고 매 순간 아이 입장에서 생각하는 버릇을 들여둔 덕분에 나는 세입자의 마음을 헤아리는 것이 어렵지 않았다. 먼저 이해하고 한발 양보하며 낮은 자세로 세입자를 대했다. 원리원칙대로 하며 자존심을 세우는 남자보다는 유연성 있는 여자의 강점이 이런 데서 잘 발휘된다. 확신하건대, 아파트 투자는 여자가 더 잘할 수 있다.

🏠 상대 입장에서 생각하라

한 가지 더, 세입자의 마음을 헤아리고 있음을 표시하는 것이 좋다. 나는 "번거로우시겠지만", "죄송하지만", "바쁘시겠지만", "힘드시겠지만" 같은 말들을 늘 첫머리에 붙인다. 번거롭고 힘든 것에 대해 집주인이 이미 알고 미안해하고 있으니 세입자는 오히려 머쓱해져 "아니에요, 괜찮아요"라고 나온다. 이처럼 상대방이 불만이나 고충을 이야기하기 전에 알아서 선수를 치는 것이다. 특히 거래가 빨리 이루어지지 않아 집을 보여주는 기간이 길어질 때는 그 수고로움에 대해 미안하고 고마워하는 마음을 충분히 드러내야 한다. 여기서 가장 중요한 것은 상대방으로 하여금 배려받고 있다는 느낌이 들게 하는 것이다.

사실 자신이 살고 있는 집을 생판 모르는 남에게 보여주는 건 짜증스럽고 귀찮은 일이다. 그러나 집주인이 그 고충을 헤아려주고 미안해하면 한결 마음이 풀린다. 육아서에도 아이의 마음을 먼저 읽어주라고 쓰여 있지 않은가. 모든 인간관계는 아이를 키우는 것처럼 하면 크게 어려움이 없다.

이사 날짜를 정할 때도 세입자를 배려해서 이야기한다. 만약 전세 만기 시점이 겨울쯤이라면 봄방학 때를 이삿날로 잡는다. 대개 2월

15일부터 2월 말일까지인 봄방학 때가 이사하기에 가장 좋다. 자녀가 있는 세입자는 물론 봄에 결혼하는 신혼부부들도 그때쯤 미리 집을 얻어놓는다.

"저도 초등학교 다니는 아이가 있는데요. 봄방학이 이사하기 가장 좋더라고요. 그러니 계약 만기는 1월이지만 2월 봄방학까지 사셔도 괜찮습니다. 들어오시는 분께 보증금을 받아야 하니 날짜는 협의해서 꼭 맞추시고요."

물론 새로 들어오는 세입자에게도 그렇게 말한다. 실제로 봄방학이 이사철이므로 들어오는 사람이나 나가는 사람이나 모두 편하다. 그리고 모두가 편하게 해주어야 잔금 맞추는 일 등 집주인도 편하다. 하지만 나 좋자고가 아니라 당신의 편의를 위해서라는 인상을 주는 것이 포인트다. 그래야 세입자의 협조를 최대한 끌어낼 수 있다.

집을 사거나 팔 때도 사람의 심리를 이해하면 유리한 위치에서 협상을 할 수 있다. 아파트에 처음 투자하던 스물여덟 살, 나는 집을 보러 가서 손뼉을 치며 환호했다.

"와아, 집이 진짜 좋아요!"

리모델링이 완벽하게 되어 있고 햇볕이 잘 들어 밝고 환한 집이었다. 이 집이 아니면 절대 사지 않으리. 정말이지 마음에 쏙 들었고, 나는 그 마음을 숨김없이 드러냈다. 그런데 가격이 비쌌다. 그 아파트 단지의 같은 평형대 가운데 최고가였다.

나는 가격 얘기를 꺼냈다. 그것도 부정형으로.

"이 집을 꼭 사고 싶은데 너무 비싸네요. 100만 원만 깎아주시면 안 될까요?"

그러나 사고 싶어 안달이 났음을 만천하에 공개한 마당에 누가 깎아주겠는가.

지금은 집을 보러 가서 아무리 맘에 들어도 웃지 않는다. 경직된 표정을 짓고 흠을 찾는다. 속으로는 한시라도 빨리 사고 싶어 마음이 조급한데 겉으로는 사고 싶다는 티를 절대 내지 않는다. 500만 원쯤 깎을 수 있겠다 싶으면 1,000만 원을 깎아달라고 하고, 1,000만 원쯤 깎을 수 있겠다 싶으면 2,000만 원을 깎아달라고 요구한다.

부동산 투자는 심리다. 매도자는 가격이 오르지 않으리라고 생각해서 집을 팔고, 매수자는 오를 것으로 예상해서 집을 산다. 뉴스에서 부동산 경기가 좋다고 말하든 나쁘다고 말하든 그것이 중요한 게 아니다. 중요한 것은 사람들이 경기를 어떻게 느끼고 있느냐다. 경기가 아무리 좋아도 대다수 사람의 심리가 꺾여 있으면 사려는 사람이 없고, 반대로 오른다는 심리가 있으면 팔려는 사람은 적고 사려는 사람이 많아진다.

그렇다면 그 심리를 어떻게 파악할 수 있을까? 나는 인터넷을 통해 파악한다. 예를 들면 "○○동에 있는 ○○아파트를 사려고 하는데 괜찮을까요?"라는 질문에 열이면 열 "사도 괜찮아요, 사세요"라는 댓글이 달리면 매수 심리가 좋은 것이다. 그러나 사지 말라는 댓글의 비중이 높으면 매수 심리가 꺾였다는 뜻이다.

부동산은 이제 끝났으며 한국도 일본처럼 되어갈 것이라고 말하는 사람들이 있다. 이럴 때는 걸러서 듣는다. 일종의 자기 위안에서 나오는 말일 때가 많기 때문이다. 또한 사람들 심리는 지역별로 읽어야 한다. 아파트를 살 때는 오르지 않을 것이라고 예상하는 사람의 아파트를 사라. 그래야 많이 깎을 수 있다. 반대로 팔 때는 오르리라고 생각하는 사람이 많을 때 팔아라. 그래야 제값을 받을 수 있다. 투자자는 대중보다 늘 한발 빠르게 움직여야 한다.

현명한 부모가 되는 법은 아이의 마음을 얼마나 정확히 이해하고 대응하느냐에 달려 있다. 현명한 투자자가 되는 법 역시 사람들의 심리를 얼마나 잘 알고 대처하느냐에 달려 있다.

CHAPTER 2

부동산 투자는
최고의 부업이다

07

절약, 리스크 없는
유일한 투자

🏠 울트라 슈퍼 짠순이의 탄생

펀드 투자 실패로 수천만 원을 날린 후 나의 삶은 180도 달라졌다.
우선 책을 읽기 시작했다. 차를 타고 이동하면서도, 밥을 먹으면서
도, 아이에게 젖을 물리면서도 손에서 책을 놓지 않았다. 돈에 관련
된 이야기라면 무엇이든 관심을 가졌고, 집중해서 파고들었다. 다시
는 돈을 잃고 싶지 않았다. 현명한 투자로 손실을 만회하고 싶었다.
그래야만 했다.

그러려면 종잣돈이 필요한데 남편의 월급으로는 1년에 1,000만
원 모으기도 힘에 부쳤다. 들어오는 돈이 한정적이라면 나가는 돈을
줄이는 수밖에 다른 방법이 없었다. 가장 먼저 '짠돌이 카페'라는 커

뮤니티의 '한 달에 10만 원으로 살기' 게시판에 올라오는 글들을 정독했다. 그렇게 절약의 노하우를 습득해갔다.

돈을 아끼는 내 첫 번째 방법은 돈을 쓸 때 '내가 돈을 써서 상대방이 부자가 될까?'를 생각하는 것이었다. 이를테면, 대형 할인점에서 날아온 전단에 복날 생닭을 저렴하게 판다는 정보가 있으면 득달같이 달려가 닭 한 마리를 산다. 닭 옆에는 인삼, 대추, 찹쌀 등 삼계탕 부재료도 진열되어 있다. 사람들은 대개 닭 사러 왔다가 주재료보다 비싼 부재료도 하나씩 집어 든다. 할인점 측에서도 그걸 노리는 것이다. 나도 사고 싶지만 전단에 특가로 나온 상품 이외의 것을 구입하면 상술에 휘말리는 셈이라 꾹 참는다. 미꾸라지를 무료로 잡을 수 있는 이벤트를 할 때도, 미꾸라지만 잡아 비닐에 잔뜩 담아왔다. 물론 주최 측에서는 미꾸라지도 잡고 다른 것도 사기를 바랐겠지만 그러면 내가 지는 것이다. 내가 돈을 씀으로써 상대가 부자가 되는, 배 아픈 상황 말이다.

무언가를 갖고 싶을 때는 '이 물건이 없으면 죽을 것 같은가?'라고 스스로에게 물었다. 1,000원짜리 물건 하나도 함부로 사지 않았다. 아이들 옷은 여기저기서 물려받아 입혔고 정 옷이 없을 때는 한 상자에 2~3만 원 하는 헌 옷을 사서 입혔다. 남편과 나도 친지나 이웃들이 버리는 옷을 얻어 입었다. 동생이 버린 낡은 레깅스를 아무렇지 않게 입고 다녔고 운동화 한 켤레를 몇 년이나 신었다. 복장의 자유는 전업주부가 가질 수 있는 특권이었다.

친정이나 시가에 가면 싸주시는 것은 무조건 감사히 받아왔다.

말린 고사리며 호박, 시래기, 무말랭이 등 두고두고 먹을 수 있는 식재료를 얻을 때가 제일 기뻤다. 셋째를 임신했을 때는 4시간 동안 차를 타고 해남의 시가로 김장을 하러 갔다. 몸도 무거운데 올 필요 없다고, 김치는 택배로 부쳐주마 하셨지만 나는 기꺼이 먼 길을 감수했다. '직접 가면 가져올 수 있는 게 얼마나 많은데' 하면서 말이다. 해남의 배추밭에는 상품성은 떨어지지만 상태가 나쁘지 않은 배추가 잔뜩 버려져 있었다. 나는 마대에 배추를 가득 담아 트렁크에 싣고 와서 반은 이웃들에게 나누어주고, 나머지는 두고두고 먹었다. 배추나물, 배추된장국, 배추전, 배추쌈, 배추찜, 배추겉절이, 배추샐러드….

외식은 삼갔지만 어쩌다 하게 되면 될 수 있는 한 두부 전문점으로 갔다. 영양도 풍부할뿐더러 비지를 공짜로 얻어올 수 있기 때문이다. 내가 2봉지, 남편이 2봉지 이런 식으로 가져와서 비지전이나 비지찌개를 해 먹었다. 먹고 남은 것은 냉동실에 얼려두었다가 생각나면 꺼내 먹었다. 또, 아이들이 있으니 고기를 안 먹을 수는 없었다. 고기를 먹을 때에는 삼겹살보다 싸고 기름기도 적은 앞다릿살이나 뒷다릿살, 돼지껍데기를 애호했다. 건강에도 좋고 돈도 아끼고 일석이조 아닌가.

허리띠를 졸라맨다는 표현을 실감했을 정도로 궁상맞은 생활이기는 했다. 한겨울에도 목욕할 때가 아니면 온수를 쓰지 않았고 웬만해선 보일러를 틀지 않았다. 주워 오는 것은 있어도 버리는 것은 없었다. 종이나 옷가지가 모이면 고물상에 2,000원, 3,000원을 받고 팔았고 재활용 쓰레기 분리수거함에서 동화책과 장난감을 주워다가 아이들에게 주었다. 아이 반찬을 따로 해준 적도 없다. 덕분에 세 아이가 모두 시골 밥상을 좋아하는 식성을 갖게 되었다. 우리 아이들은 배추김치는 물론 파김치와 갓김치도 잘 먹고 돼지껍데기도 맛있게 먹는다.

그까짓 돈 몇 푼 아끼려고 아이들 데리고 참 불쌍하게 살았구나 생각할지도 모르지만, 그렇게 하지 않으면 돈을 모을 수가 없었다. 또 결코 '그까짓 돈 몇 푼'이 아니었다. 만약 내가 한 달에 10만 원씩 더 저축할 수 있다면 1년이면 120만 원이다. 120만 원의 이자를 받으려면 이율 3%의 예금에 1년간 4,000만 원을 넣어두어야 한다. 한 달에 10만 원은 결코 적은 돈이 아니다.

그렇게 악착같이 모은 종잣돈으로 나는 아파트 투자를 시작할 수 있었다.

🏠 돈 아끼다가 맞이한 기회

나는 절약이야말로 돈을 버는 방법이라고 생각한다. 흥청망청 써버린다면 많이 벌어봤자 말짱 헛것이다. 절약은 돈을 버는 방법 가운데 리스크가 없는 유일한 방법이기도 하다. 모든 투자에는 위험이 따르지만 절약에는 위험이 존재하지 않는다.

구두쇠의 삶에는 분명 즐거움과 보람이 있다. 주부들은 알 것이다. 같은 물건을 싸게 샀을 때나 써야 할 돈인 줄 알았는데 안 써도 되는 방법을 알아냈을 때 등 돈이 굳었을 때 느끼는 즐거움을 말이다. 돈은 쓰는 재미만 있는 게 아니다. 안 쓰는 재미도 있다. 한 달 한 달 저축액이 늘어나는 것을 지켜보는 보람도 있다.

아이들이 있기에 더 철저히 절약할 수 있기도 했다. 아직 어려서 돈 들어갈 데가 적었고, 아이들이 있기에 미래를 보면서 절약 의지를 불태울 수 있었다. 더 아낄 방법이 없을까 싶어 늘 머리를 굴렸고, 절약의 고수들에게 비법을 전수받기 위해 짠돌이 카페에 매일같이 출석했다.

그러다가 절호의 기회를 발견했으니 바로 '슈퍼짠 선발대회'였다. 말 그대로 누가 누가 더 짠돌이인가를 뽑는 대회인데 1등에게 50만 원, 2등에게 30만 원, 3등에게 10만 원짜리 상품권을 준다고 했다. 상품권에 눈이 멀어버린 나는 바로 남편에게 통보했다.

"내일부터 사흘 동안 슈퍼짠 선발대회를 준비할 계획이니 좀 도와줘요. 내가 3등 안에는 꼭 들 작정이니까 아이들 좀 봐줘."

나는 1편 식비 절약법, 2편 수입의 50% 저축하는 법, 3편 투자하는 법 이렇게 세 편으로 나누어 글을 써서 올렸다. 투표 결과, 회원들의 압도적인 지지를 받아 대상에 뽑혔다. 사실 나보다 훨씬 훌륭한 내용의 글들이 많았다. 그런데도 내가 대상을 받았던 것은 젊은 나이에 아이 셋을 키우면서 홑벌이 월급의 50%를 저축한다는 점 때문이었다. 또 그렇게 모은 종잣돈으로 아파트 투자를 해서 수익을 냈다는 점이 많은 사람에게 자극을 주었던 것 같다.

그 후 어떻게 알았는지 방송사에서 출연 요청이 빗발쳤다. 출연료는 5만 원인 곳도 있었고 20만 원인 곳도 있었다. 철저히 절약하는 상황에서 결코 적지 않은 돈이었다. 처음에는 출연료가 생활비에 보탬이 되어 좋았고, 나중에는 아이들에게 엄마가 얼마나 열심히 살았는지 보여줄 수 있으리라는 생각도 들어 좋았다. 창피해서 아무에게도 알리지 않고 몰래 출연하곤 했는데, 〈아침마당〉이나 〈PD수첩〉처럼 시청률이 높은 방송에 나가자 더는 숨겨지지가 않았다.

출판사에서 책을 내자는 제의도 받았다. 나 같은 사람이 과연 책을 내도 될지 고민하다가, 아이를 키우는 주부들에게 희망을 줄 수 있다면 부족하지만 해보자고 마음먹었다. 투자를 할 수 있도록 내게 많은 용기를 준 수백 명의 작가들처럼 말이다.

이 모든 일이 전업주부였기에 가능했다. 미혼이었다면, 아이가 없었다면, 혹은 직장에 다녔다면 그토록 절약을 할 생각도 그렇게 모은 돈으로 투자를 할 생각도 하지 않았을 것이다. 절약도 투자도 전업주부에게 월등히 유리한 게임이다. 그래서 나는 너무도 감사하다.

**BE THE RICH!**

돈 되는 정보 돈 안 내고 활용하는 앱

- 국토교통부 실거래가 공개시스템(rt.molit.go.kr)
  아파트 매매, 전·월세 실거래 가격

- 네이버 부동산(land.naver.com)
  부동산 매매, 전·월세 정보

- 온나라(onnara.go.kr)
  부동산 정보 종합 포털 사이트. 부동산 가격, 토지 이용 현황, 투기 억제 시책 정보

- 토지이용규제정보서비스(luris.molit.go.kr)
  국토교통부 토지이용계획 확인서 열람, 규제 안내서, 고시도면 서비스

- 국민은행 부동산 알리지(nland.kbstar.com)
  은행 담보대출의 기준이 되는 KB시세와 차트

- 부동산114(r114.com)
  입주물량 및 부동산 동향

08
싼 집에 살면서
돈을 모아라

🏠 반값에 얻은 빌라 전세

아끼고 저축하면서 다시 한 번 절실히 깨달은 사실은 저축만 해서는
자산을 늘리기 힘들다는 것이었다. 금리는 사상 최저인데 물가는 계
속 올랐다. 이유는 딱히 몰랐지만 대단히 손해 보는 느낌이었다. 결
혼할 당시보다 수천만 원이 뛴 아파트가격을 보며 남편과 나는 한숨
을 쉬었다.

내 집도 없이 펀드 투자에 올인해서 돈을 날린 생각을 하면 어이
가 없었다. 하늘 높은 줄 모르고 가격이 치솟을 때는 펀드를 사들였
고, 바닥을 모르고 추락할 때는 모두 팔아치웠다. 반대로 투자한 것
이다. 돈을 잃을 수밖에 없었다. 하지만 우리는 젊었고 아직 기회가

많았다. 얼마든지 다시 시작할 수 있다며 서로를 다독였다.

적금이 만기 되어 수중에 돈이 생겼고, 전세가가 미친 듯이 오르는 상황이었기에 전세를 끼고 집을 살 수 있겠다 싶었다. 집을 사기로 남편과 의기투합하고, 지하철로 출퇴근하는 남편을 위해 역세권 소형 아파트 위주로 집을 보러 다녔다. 당시 대전 월평동의 하나로아파트는 뒤에 갑천을 끼고 있고 21평과 24평으로 이루어진 단지라 임대수요가 많았다. 게다가 24평은 전세가가 1억 1,000만 원, 매매가가 1억 2,000~3,000만 원으로, 전세가와 매매가가 1,000~2,000만 원밖에 차이가 나지 않았다.

이 아파트에서 마음에 드는 1억 2,500만 원짜리 집을 발견했다. 그런데 친정아버지가 복도식 아파트는 살기 불편하다며 계단식 아파트를 권유하셔서, 바로 옆의 아파트를 보러 갔다. 아버지 말씀대로 계단식 아파트가 훨씬 넓고 살기에도 쾌적했다.

우리가 본 집은 리모델링이 완벽하게 되어 있었다. 남편과 나는 좋아서 손뼉을 치며 1억 7,000만 원에 그 집을 매수했다. 집 상태가 워낙 좋아 1억 5,000만 원이라는 전세 최고가를 경신하며 세입자를 들였다. 중개수수료와 취득세, 등록세를 포함해 2,500만 원을 들여 내 집을 산 것이다. 이미 집값이 오를 대로 오른 상태여서 더 오르리라는 기대는 하지 않았다. 더 열심히 아껴서 훗날 1억 5,000만 원을 모아 그 집에 들어가 살아야겠다는 생각만으로도 좋았다.

그렇게 집을 사고, 우리는 1년 만에 전세가가 7,000~8,000만 원이 오른 아파트에서 이사를 나왔다. 어느 날 우연히 어떤 동네를 지나가다 부동산중개소에 붙어 있는 '33평 빌라 1층, 전세 7,500만 원'이라는 글을 봤다. 방 4칸에 욕실이 2개라고 했고, 게다가 아래 층 눈치 볼 필요가 전혀 없는 1층이었다(지하층도 있다는 사실을 그때는 몰랐다).

눈이 번쩍 뜨였다. 2010년 당시 대전의 아파트 전세가는 사상 최고치였다. 당장 집을 보러 갔다. 지하철역과 가깝고 집도 넓고 튼튼해 보였다. 1억 1,000만 원에 전세를 살던 참이었으니, 이 빌라로 이사 오면 3,500만 원의 여윳돈이 생기는 것이다. 가슴이 뛰었다.

계약서를 쓰러 간 날, 특약 사항에 '재개발 시 이사한다'라는 조항을 적으라고 했다. 알고 보니 그 동네가 재건축 추천 지역이라 그토록 저렴한 것이었다. 그제야 알아서 다소 찜찜했지만 어차피 아파트로 가기는 힘들고 그만큼 싼 곳도 없어서 바로 계약을 했다.

그렇게 빌라로 이사를 오면서 3,500만 원을 바로 정기예금에 넣었다. 2010년 당시만 해도 2년 동안 300만 원의 이자수익을 얻을 수 있는 돈이었다. 게다가 빌라는 관리비가 없어서 한 달에 10만 원 이상을 더 절약할 수 있었다. 그래서 그때부터 시가에 매달 10만 원씩 용돈을 드리기 시작했다. 예금이자가 나오고 관리비가 절감됐기 때문에 부담 없이 효도할 수 있었다. 우리 형편으로는 큰돈이랄 수도 있지만, 그동안 남편을 먹이고 입히고 교육시켜주신 수고에 비하면 10만 원은 정말 적은 돈이었다. 게다가 그즈음 시아버지가 오랫동안 다니던 회사를 퇴직하셨다. 나만 잘살자고 남편을 키워준 시어른들을 모른 체할 수는 없었다.

🏠 예상치 못한 빌라의 삶

빌라로 이사 오면서 절약에 탄력이 붙었다. 돈도 더 아낄 수 있고, 지하철역도 가깝고, 집도 넓고, 이사 오기를 참 잘했다는 생각이 들었다. 그러나 그 생각은 빌라에 한 번도 살아본 적이 없는 나의 착각이었다. 지은 지 10년이 넘어 겉보기에만 튼튼했지 속은 구석구석 망가져 있었다.

어느 날은 자고 일어났더니 집이 온통 물바다로 변해 있었다. 윗집 보일러 배관이 낡아 누수가 일어난 것인데, 그 때문에 우리 집 천장과 벽에는 곰팡이까지 생겼다. 벽지를 뜯어내고 곰팡이를 말리고 다시 도배를 하기까지 일주일이 넘게 걸렸다. 윗집의 누수는 내가 겪은 것만 모두 네 차례였다. 두 번은 보일러 배관이었고, 한 번은 수도관이 터져서 물이 분수처럼 솟구쳤다. 또 한 번은 보일러 온수통에서 누수가 됐다. 누수라면 지금도 고개를 절로 흔들게 된다.

배수구 사정도 좋지 않았다. 싱크대 배수구에서는 악취가 올라왔고 세탁실과 욕실 배수구에서는 물이 역류해 바닥이 흥건해지곤 했다. '뚜러뻥'을 붓는 등 갖은 노력을 해봤지만 해결이 안 돼 집주인에게 연락을 했다. 막힌 배관을 찾아 뚫는 일에 50만 원이나 들자 집주인이 한마디 했다.

"이렇게 싸게 전세를 사는데 수리비쯤은 세입자가 내야 하는 것 아닙니까?"

그뿐인가. 개미, 거미, 바퀴벌레, 돈벌레 등 온갖 벌레와 같이 살아야 했고 찻길 바로 옆의 빌라라 창문을 열어놓고 있기도 마음이 편치 않았다. 밤에는 골목이 어두워 밖에 나가기가 무서울 정도였다. 주야로 교대 근무를 하는 남편이 집에 없는 밤이면 도둑이라도 들까봐 마음을 졸였다. 우리 동네 성범죄 전과자들의 사진, 신상 정보, 범죄 내용을 알려주는 통보서가 법무부에서 날아올 때마다 팔에 소름이 돋았다. 길을 걷다가 아이가 "엄마, 아빠는 오늘도 야간이야?"라는 말을 할 때면 나도 모르게 아이의 입을 막았다.

"쉿! 조용히 해. 그런 얘기 하면 안 돼."

경비아저씨도 없고, 마음먹으면 누구든지 들어올 수 있는 1층 빌라라는 생각에 한시도 긴장을 놓을 수가 없었다.

한번은 남편이 야간조이던 어느 날, 새벽 6시쯤 누군가가 도어락을 따고 들어오는 소리에 눈이 번쩍 떠졌다. 방문을 잠그고 벌벌 떨다가 아랫집 아주머니에게 도와달라고 전화를 걸었다. 사정을 들은 아주머니 왈 "방금 새벽기도 갔다 왔는데 우리 들어오는 소리를 착각했나 보네"라고 하셨다. 긴장이 풀리면서 그 자리에 주저앉고 말았다.

치안에 대한 불안감은 다행히 좋은 이웃들을 만나면서 차츰 줄어들었다. 우리 아랫집에, 옆집에, 윗집에 좋은 사람들이 살고 있다고 생각하니 적이 안심이 되었다. 정들도 많아서 식료품점에 다니시는 윗집 아주머니는 떡, 고기, 우유 등 유통기한이 임박한 음식들을 아이들과 먹으라며 나누어주시곤 했다.

빌라에 살면서 나와 우리 아이들은 추위를 타지 않는 건강한 몸이 되었다. 앞 건물에 가려 햇빛 한 줄기 들지 않았기에 그곳에서 보낸 겨울은 유난히 추웠다. 그래도 웬만해서는 보일러를 틀지 않았고 온수 밸브는 아예 잠가놓았다. 아이들은 얼음장 같은 물에 펄쩍펄쩍 뛰면서 세수를 했다. 추위에 단련되다 보니 남의 집에만 가면 더워서 창문을 열고서야 잠을 이룰 수 있었다. 우리 아이들은 그때 단련된 몸으로 지금도 한겨울에 팬티만 입고 뛰어논다.

아파트보다 불편한 점이 많았지만 행복했다. 아파트의 절반도 안 되는 전세금으로 살면서 종잣돈을 모을 수 있었기 때문이다. 나는 아이들이 초등학교에 입학하기 전까지가 학군과 관계없이 저렴한 전세를 살면서 종잣돈을 굴릴 수 있는 마지막 기회라고 생각했다. 종잣돈을 모으고, 투자를 하고, 수익을 내서 더 좋은 곳으로 이사 가리라 마음먹었다. 그 희망이 있었기에 아파트만큼 안락하지 않은 생활과 1,000원 한 장도 고민하며 쓰는 삶을 즐겁게 이겨낼 수 있었다.

그렇게 보증금 인상 없이 만 4년 넘게 빌라에 거주하며 저축과 투자에 집중했다. 빌라로 이사한 것은 참으로 신의 한 수였다.

09

아이와 함께
부동산 투자를

🏠 맞벌이는 어려워

짠돌이 카페의 '한 달 10만 원 살기'에서 자극을 받고, 물건을 저렴하게 구매할 수 있는 정보를 얻고, 돈을 적게 써도 행복하게 사는 법을 배우면서 자린고비의 생활을 이어갔다. 그런데 아무리 아껴도 남편 월급만으로는 1년에 1,800만 원 이상을 모을 수가 없었다. 돈이모이는 속도가 너무 더디게 느껴졌다. 최대한 아끼고 살았으므로 더는 아낄 수도 없었다. 안 되겠다 싶어서 일을 하기로 마음먹었다.

　아이를 키우면서 할 수 있는 일이 무엇일까 고민하다 보육교사가좋겠다는 결론을 내렸다. 어린이집에 아이와 함께 출근할 수 있으니이보다 더 좋은 일이 없을 것 같았다. 경험을 쌓은 뒤 나중에 어린이 집을 열어도 좋겠다고 생각했다.

보육교사 과정은 1년짜리 사이버 교육과정이 있어서 집에서 공부할 수 있었다. 마침내 모든 교육을 이수하고 어린이집으로 한 달간 실습을 나갔다. 생후 15개월이 되어 아장아장 걷는 둘째를 데리고 어린이집으로 향하는데, 아이를 데리고 일을 할 수 있다니 꿈만 같았다. 그러나 그 꿈은 1시간도 채 되지 않아 악몽으로 변했다.

새로 생긴 가정식 어린이집이라 그런지 일거리가 어마어마했다. 영양사가 따로 없어 식사 준비며 설거지가 모두 내 차지였고, 청소와 이불 빨래까지 해야 했다. 세상에, 세탁기도 없었다. 둘째는 계속 울면서 내 뒤만 졸졸 쫓아다녔다. 청소기를 돌릴 때도 설거지를 할 때도 아이를 업고 해야 했다. 허리가 휘어진다는 말을 그때 실감했다. 원장님 눈치가 보여 쉴 수도 없었고 우는 둘째를 떼어놓을 수도 없었다.

퇴근해서 돌아오면 집에는 밥도 할 줄 모르고 집안일에 요만큼도 관심이 없는 남편과 한창 손이 가는 다섯 살배기 첫째가 있었다. 아침 8시에 출근해 저녁 7시에 퇴근했는데, 날이 갈수록 집은 엉망이 되었다. 몸이 너무 힘드니 집에 오면 아무것도 하지 않고 쉬고만 싶었다. 그러다가 문득, 바깥에서 에너지를 소비하느라 정작 내 아이와 가정에는 소홀해지는 나를 발견했다.

그 한 달의 경험으로 나는 절대 밖에 나가 일을 하지 않겠다고 다짐했다. 아이 있는 여자가 바깥일을 하는 것이 얼마나 외롭고 고달픈 일인지 뼈저리게 경험했다. 이 경험으로 공부에 더욱 힘을 쏟았다.

"공부가 제일 쉬웠어요"라는 명언도 있지 않은가. 앉아서 책 읽고 강의 듣는 일은 피곤한 축에도 들지 않았다. 부동산 투자밖에 길이 없다는 확신이 더 강해졌다.

🏠 아이도 키우고 돈도 벌고

아이 키우는 주부가 돈을 버는 방법 가운데 부동산 투자만큼 좋은 것이 없다. 부동산 투자는 아이를 데리고도 얼마든지 할 수 있다. 부동산중개소에 가거나 집을 보러 다닐 때 아이를 데리고 왔다고 눈치 주는 사람은 없다.

나는 아이들과 함께 부동산 투자를 했다. 중개소를 순회할 때도 아이들과 함께했고 틈나는 대로 관심 지역을 돌아다닐 때도 아이들을 데리고 갔다. 집을 수리하러 갈 때도, 은행에 갈 때도 아이들을 동반했다. 아이들도 좋아했다. "얘들아, 우리 부동산 가자" 하고 불러 모으면, 아이들은 "와, 부동산! 부동산!" 하며 기뻐서 방방 뛰었다. 집에서는 못 먹는 사탕을 원없이 대접받는 건 기본이고, 만나는 어른들마다 예뻐해 주니 그러는 것이다.

여름휴가 때는 남들 다 가는 해수욕장 대신 온 식구가 인천부터 시작해 서울, 군포, 평택, 천안, 세종을 거쳐 다시 대전으로 내려오면서 아파트를 보러 다니기도 했다. 때로는 아이들이 폐를 끼치기도 해서 그걸 신경 쓰느라 몸이 고되긴 했지만, 혼자 다니고 싶다는 생각은 해본 적이 없다. 아이들을 키우기 위해 전업주부를 선택했고, 아이들을 위해 저축하고 투자를 하는 것이기 때문이다. 아이들이 없다면 내가 이렇게 절약하고 저축하고 투자해야 할 이유가 있을까.

주부에게 부동산 투자가 좋은 또 하나의 이유는 집에 있으면서 시간 날 때마다 짬짬이 정보를 수집할 수 있다는 것이다. 옛날 같으면 복부인이 돈가방을 들고 다니며 어렵게 얻었을 정보를, 요새는 인터넷에서 손쉽게 얻을 수 있다. 국토교통부 사이트나 네이버 부동산 사이트에 들어가면 아파트 매매가나 전·월세 시세는 물론 토지이용계획 확인서를 통해 개발계획도 알 수 있다.

나는 대전에 살지만 서울 엄마들이 모인 커뮤니티에 들어가 직접 물어볼 수도 있다. 동대문구의 어느 동이 살기가 편한지, 노원구 학군은 어디가 좋은지 가보지 않고도 알 수 있다. "○○동으로 이사 가고 싶은데 그 동네 어떤가요?"라고 물으면 많은 이들이 내 일처럼 댓글을 달아준다. 학군은 물론 교통이며 편의시설, 아파트 시세까지 자세히 알려준다.

옛날처럼 경제신문을 구독하지 않아도 밤 12시든 새벽 6시든 원하는 검색어로 관련 기사를 찾아볼 수도 있다. 이렇게 인터넷으로 정보를 찾는 시간이 나는 참 좋았다. 마치 끊임없이 금을 캐는 기분이었다. 인터넷을 처음 접하는 사람처럼 시간 가는 줄 몰랐다. 그렇게 정보의 바다를 헤엄치다 밤을 새우기 일쑤였다. 어떤 아파트의 가격이 궁금해져 검색하다 보면 그 옆의 아파트는 얼마일지 궁금해지고, 또 그 옆, 그 옆 하는 식으로 궁금증이 끊이지 않는 것이다. 스스로 질문하고 답하고 부자노트에 적어가며 공부했다.

그렇게 해서 좋은 매물을 발견하면 야간 근무를 끝내고 남편이 귀가하는 오전 10시까지 단 몇 시간이라도 잠을 청했다. 자기 전에는 남편에게 메시지를 보내놓았다.

"여보, ○○지역에 좋은 물건이 나왔는데 남들이 알기 전에 빨리 가서 사야 하니 아침에 출발해요."

아침에 남편이 돌아오면 바로 짐을 싸서 아이들과 함께 출발했다. 좋은 지역의 좋은 매물을 잡으려면 하루가 급하기 때문에 밤새 일하고 온 남편을 운전기사로 대동해야 했다. 주말이나 다음 주까지 기다릴 수는 없었다. 가장 싸고 가장 좋은 매물은 그사이에 영락없이 팔려버린다.

누군가는 이런 의문도 들 것이다. 왜 부동산 투자가 주부가 돈 벌기에 가장 좋은 방법이라는 건가? 주식 투자도 아이들 키우면서 집에서 충분히 할 수 있는 일 아닌가. 게다가 발품도 들지 않아 밤새 일하고 온 남편 고생 시킬 일 없으니 부동산보다 훨씬 낫지 않은가.

어떤 이들에게는 그럴 수도 있을 것이다. 하지만 나에겐 맞지 않았다. 주가가 오르고 내리는 데 따라 내 기분도 천국에서 지옥을 오갔다. 주가는 오늘 다르고 내일 또 다르다. 그뿐인가, 하루 중에도 수없이 오르내린다. 어떤 종목을 '1,200원이 되면 사야지' 마음먹었다면 1,200원이 될 때까지 수시로 가격을 확인해야 한다. 또 오후 3시면 장이 끝나기 때문에(지금은 3시 30분까지로 바뀌었다) 밤 시간을 활용할 수도 없다.

주식은 쉽게 사고팔 수 있다. 오전에 샀다가 오후에 팔 수도 있다. 그러나 부동산은 그렇게 할 수가 없다. 나는 이편이 훨씬 낫다. 한 번 사면 전세 계약기간이 만료되는 2년까지는 가격을 확인할 필요가 없고, 사고팔 때 외에는 특별히 신경 쓸 일이 없어서다.

아파트는 가격이 급격하게 오르지도 않지만 급격하게 하락하지도 않는다. 아파트가 몇 달 만에 반 토막 나는 일은 없다. 요즘처럼 전세가율이 90%에 육박할 때는 더더욱 하락하려야 할 수도 없다. 부동산은 사람이 살고 있기 때문에 대체재를 생산하기도 어려운 품목이다. 그래서 사용가치(전·월세 가격으로 알 수 있다)를 보고 투자하면 리스크가 매우 적다. 반면 주식은 한 달에 몇 배가 오르기도 하지만 휴짓조각이 되기도 한다. 그만큼 리스크가 크다. 물론 주식도 5년이나 10년 앞을 내다보고 장기 투자를 할 수 있지만, 아무래도 수없이 일희일비하게 된다. 그런 감정의 기복은 아이에게 그대로 영향을 미친다.

또 여자들은 주식보다는 부동산에 관심이 많고, 주식에 대해서는 잘 몰라도 집에 대해서는 누구보다 잘 안다. 주식이 남자의 투자법이라면 부동산은 여자의 투자법이다.

분석을 끝내고 현장에 가라

나는 현장에 가기 전에 대상 물건에 대해 완벽하게 분석을 끝내놓는다. 아이들을 동반하기 때문에 현장에 오래 있을 여유가 없다. 그래서 컴퓨터 앞에 앉아 정보를 캐고 분석하는 시간이 길다.

투자물건을 분석할 때는 우선 관심 있는 지역 커뮤니티를 검색하여 현지 정보를 얻고, 국토교통부 실거래가 사이트와 네이버 부동산 등에 나온 매물을 통해 시세를 파악한다. 위성사진과 로드뷰를 이용해 주변 환경과 분위기도 본다. 집을 보고 싶을 때도 인터넷을 이용하면 된다. 요즘에는 아파트 평면도는 물론 리모델링한 내부 사진까지 볼 수 있다. 관리비가 얼마쯤 나오는지도 검색된다.

마지막으로, 그 지역에 관한 주요 기사를 검색해서 읽어본다. 그리고 향후 인구 유입이 예상되면 입주물량을 파악하여 수요와 공급의 불균형이 언제까지 유지될지 파악한다. 이런 내용은 해당 지역의 기사를 검색하거나, '부동산114'나 투자통계 사이트 'ZIP4'를 참고한다.

그런 다음에 현장으로 간다. 부동산중개소를 방문해서는 설명을 들으면서 내가 알고 있는 사실과 일치하는지만 확인하면 된다. 특이사항이나 변동사항이 있으면 체크해둔다. 그리고 매물로 나온 집에 가서 내부를 볼 때도 하자 여부를 중심으로 살펴보면 된다.

초보 때는 현장에 가서야 로열동이 어디인지 파악하고 수익률을 분석했다. 그래서 중개업자한테 이야길 들으면 그 정보가 맞는지 틀리는지 판단할 길이 없었다. 하지만 이제는 집에서 분석을 마친 다음 이미 매수 결정까지 하고 방문한다. 충분히 분석하고 가지 않으면 중개업자의 말에 휩쓸려 얼떨결에 투자하게 된다. 그렇게 덜컥 계약했다가는 집에 오는 길에 후회하거나 불안해지기 쉽다.

현장에서 고민할 필요가 없다. 나는 일단 분석을 끝냈으면, 망설이지 않고 움직인다. 나쁜 물건은 오래도록 남아 있지만, 좋은 물건은 고민할수록 놓칠 확률이 높다.

10

남편을 내 편으로
만드는 법

🏠 남의 편인가 나의 편인가

전업주부에게 부동산 투자가 최고의 직업이 될 수 있는 또 하나의 이유는 바로 남편이 있기 때문이다. 남편이 꼬박꼬박 월급을 가져다주니 말이다. 많든 적든 그 돈이 있기에 투자도 할 수 있다.

한국 맞벌이 부부의 가사노동 시간을 조사한 통계를 봐도 그렇고, 우리 주변의 맞벌이 부부들을 봐도 알 수 있듯이 여자가 밖에 나가 일을 한다고 해서 살림과 육아의 부담이 줄어드는 것은 아니다. 그러니 직장에 다니다 보면 투자까지 할 여력이 없다. 시간도 부족하고 체력도 달린다.

내 남편 역시 요리나 설거지, 청소, 빨래 같은 집안일에는 무관심

한 남자다. 하지만 부동산 투자에 필요한 일이라면 내 요구와 부탁을 거절하는 법이 없다. 나는 운전면허가 없어서 부동산을 보러 가려면 대중교통을 이용해야 한다. 그런데 혼자 아이들을 데리고 다니기가 쉽지 않으니 남편이 늘 운전기사 노릇을 해주었다. 강의를 들으러 갈 때면 아이들을 돌봐주었고, 도서관에서 책을 빌리고 반납하는 것도 남편이 도맡아 해주었다. 전세 놓기 전에 집을 수리하는 일도 항상 같이 해준다.

남편은 이제 부동산 투자를 아내의 일만이 아닌 자신의 일로도 여긴다. 혼자서도 투자 지역을 선정하고 부동산을 보러 다닌다. 가서 사진도 찍어오고 정보도 얻어온다. 이제는 매매계약을 할 때 남편 혼자 보내도 불안하지 않다. '서당 개 삼 년이면 풍월을 읊는다' 는 말이 딱 들어맞는다고나 할까.

언제부터인가 남편은 경매에 관심을 가져 책을 찾아 읽고 틈나는 대로 강의를 들으러 다니기 시작했다. 나도 관심이 많지만 경매 쪽은 일부러 깊이 공부하지 않았다. 경매는 온전히 남편의 몫으로 남겨두고 싶었다. 그래서 남편이 경매물건을 보여주거나 책이나 강의에서 얻은 정보를 이야기해주면 오버 리액션을 하곤 했다.

"여보, 대단해! 나는 정말 남편 잘 만났어. 앞으로 경매 쪽은 내가 신경 쓰지 않을 테니 당신이 하고 싶은 대로 모두 알아서 해요."

남편은 으쓱해져서 더 열심히 공부했다. 실은 모두 알아서 하지는 않고 나에게 꼭 상의를 해왔다. 그러다 보니 나 역시 경매에 눈을 뜨게 됐고, 어쩌다 보니 이제는 경매 투자도 하고 있다. 남편 몫으로 남겨두고 싶었지만 어쩌겠는가, 내 눈에 돈이 보이는 것을. 투자는 더 잘하는 사람이 하면 된다.

어쨌든 남들은 내 남편 같은 사람도 없다고 칭찬하지만, 처음부터 그가 내 편이었던 것은 아니다. 지금부터 그 비법을 공개한다. 내 편이 될 때, 남편은 일당백의 지원군으로 거듭난다.

🏠 남의 편? 이제 나의 편!

남편을 감동의 도가니로 몰아넣기

많은 여성이 나에게 하소연한다.

"남편이 투자를 반대해요. 부동산은 이제 하락할 일만 남았다면서요."

울상을 짓는 그들에게 나는 이렇게 말한다.

"우선 절약을 하세요. 종잣돈을 모으세요. 그동안은 열심히 공부하세요. 믿을 만한 모습을 최소 1~2년간 보여주세요."

우리처럼 평범한 가정이라면 종잣돈을 모으는 데 최소 1~2년은 걸린다. 당장 투자를 하고 싶겠지만 이 시간은 반드시 필요하다. 적은 돈도 얼마나 소중한지 절실히 깨닫게 되고, 어렵게 모은 만큼 함부로 투자하지 못하게 하는 안전장치도 되어준다. 무엇보다 투자를 위해 공부하는 시간이 그 정도는 필요하다.

투자를 하기로 마음먹었다면 남편에게 지금 당장 선언하라.

"앞으로 1년간 아끼고 아껴서 종잣돈을 만들어 부동산을 사겠어."

그러고 나서 실천하면 된다. 홈쇼핑을 끊고 드라마를 멀리하고 부동산 책을 쌓아놓고 매일 공부하는 모습을 보여주는 것이다.

그런 노력도 없이 어느 날 갑자기 김유라라는 여자의 책 한 번 보더니 투자하겠다고 나선다면? 내가 남편이라도 당황스러울 것 같다. 그러나 밤낮으로 공부하고 알뜰히 저축하는 모습을 보여준다면? 남편은 틀림없이 감동할 것이다. 아내를 믿어보고 싶어질 것이다. 투자에 대한 나의 열정에 남편이 두 손 두 발 다 들게 만들어야 한다.

떡밥 던져 관심 유발하기

그날의 가장 중요한 키워드를 한 가지만 넌지시 흘려라.

"여보, LTV가 70%로 상향된대. 우리 집이 2억 원이니 1억 4,000만 원까지 대출이 되는 거야."

"지금 책 읽고 있는데, 고작 1,000만 원으로 월세 20만 원이 나오는 아파트를 샀대."

이렇게 하루에 한 가지씩 1년만 하면 365개의 떡밥을 던질 수 있다. 남편도 자연스레 관심이 생길 것이다. 1년까지도 필요 없다. 서너 달이면 아내가 읽는 책과 아내가 알아내는 정보에 호기심을 갖고 투자에 흥미를 느낄 것이다.

솔직하고 정확하게 브리핑하기

장을 볼 때, 나는 미리 작성한 목록 외의 품목은 아무리 큰 폭으로 할인해도 눈길 한 번 주지 않았다. 그렇게 안 쓰고 저축한 금액을 연말이면 엑셀 파일로 정리해 프린트해서 남편한테 보여주었다. 그리고 이 돈을 어느 곳에 투자해서 어떻게 수익을 낼 수 있는지 이해시켰다. 투자를 할 때마다 남편에게 완벽하게 브리핑을 하고 동의를 얻어냈다. 처음 산 집이 1년 만에 1억 7,000만 원에서 1억 9,000만 원으로 오른 것도 주효했다. 첫 단추를 잘 끼우는 것이 그래서 중요하다.

그런 일이 이어지자 어느 순간 남편이 말했다.

"나는 터치하지 않을 테니 그렇게 하고 싶으면 알아서 해."

야호! 반대하지 않는 것만으로도 성공이었다. 나는 경제권을 쥐고 투자의 자유라는 날개를 달았다. 지금은 남편의 전적인 신뢰와 지원을 바탕으로 투자에 대한 결정은 나 혼자 하고 있다.

남편이든 아내든 배우자가 반대하는 투자는 하면 안 된다. 배우자의 반대를 무릅쓰고 한 투자가 혹여 잘못되면 뒷감당을 하기 어렵다. 부부 사이에 금이 가고 심하면 가정이 파탄 난다. 반면 배우자가 동의한 경우는 투자에 실패하더라도 같이 헤쳐나갈 수 있다.

세상 사람 모두가 반대하더라도 남편만큼은 나를 적극 지지하게 만들어야 한다. 가족이 화목하지 않은데 투자를 하고 돈을 벌어서 무엇하겠는가. 아무 의미가 없다. 반면, 남편이 내 편이 되면 투자에 성공하든 망하든 가정의 화목이 깨지는 일은 생기지 않는다. 비 온 뒤에 땅이 굳는다고 부부 사이가 오히려 돈독해진다. 배우자가 반대한다고 몰래 투자해서도 안 된다. 설사 큰 수익을 얻었다 한들 이 또한 부부간의 신뢰를 깨는 일이다. 내가 큰 수익을 얻어 자랑을 해도 배우자는 소외되고 무시당하는 느낌을 받기 때문이다.

남편은 가정을 함께 이끌어가는 반려자이자 같은 꿈을 향해 나아가는 동지이며 든든한 지원자다. 남편을 '남의 편'으로 밀어내지 말고 '내 편'으로 만들어야 한다.

LTV란?

'Loan To Value ratio'의 약자로 담보가치(주택가격) 대비 대출 비율이다. 즉 집을 담보로 대출을 받을 때 집의 자산가치를 얼마로 보는가를 말한다. 2014년 8월 1일부터 상향 조정되어 현재 LTV는 70%다. 예를 들어 2억 원짜리 집을 담보로 할 때 대출받을 수 있는 최대 금액은 1억 4,000만 원(2억 원 × 0.7)이다. LTV 상향은 투자자 입장에서는 호재 중의 호재다.

1억 원짜리 소형 아파트를 사서 월세를 놓는다고 가정해보자. LTV가 60%일 때와 70%일 때는 다음과 같은 차이가 난다.

A. LTV가 60%일 때
   : 매매가 1억 원, 대출 6,000만 원, 보증금 1,000만 원, 월세 40만 원
     = 투자금 3,000만 원

B. LTV가 70%일 때
   : 매매가 1억 원, 대출 7,000만 원, 보증금 1,000만 원, 월세 40만 원
     = 투자금 2,000만 원

LTV가 10% 늘어나면서 투자금이 3,000만 원에서 2,000만 원으로 3분의 1이 줄었다. 이는 다시 말해 종전에는 6,000만 원으로 2채를 살 수 있었다면 이제는 3채를 살 수 있다는 뜻이다.

11
여자가 살기 좋은 집이
좋은 집이다

🏠 내가 아파트만 고집하는 이유

나는 아파트에만 투자한다. 여자가 가장 살고 싶어 하는 집이 아파트이기 때문이다. 어느 가정이든 집에 대한 결정권은 여자에게 있다. 남자는 저녁에 들어와서 아침에 나가면 그뿐, 집에서 가장 많은 시간을 보내는 사람은 여자다.

부부가 같이 집을 보러 다닐 때 계약이 성사되는 집은 남자가 마음에 들어 하는 집일까, 아니면 여자가 마음에 들어 하는 집일까? 열에 아홉은 후자다. 예컨대 남자는 지하철역이 가까워서 마음에 든다고 하는데 여자는 아이가 다닐 초등학교가 멀어서 싫다고 한다면, 그 집은 계약이 되지 않는다. 반대로 남자는 직장이 멀어져서 싫다고 하는데 여자는 아이를 봐줄 친정이 가깝다고 좋아한다면, 그 집은 계약이 된다. 아이가 없어도 마찬가지다. 신혼부부든 중년부부든 집을 선택하는 데는 여자의 입김이 절대적으로 작용한다. 집이라는 공간의 주인은 여자다. 그래서 리모델링이나 인테리어도 여자의 취향에 따라 이루어진다.

그런데 여자는 왜 아파트에 살고 싶어 할까? 여기에는 크게 다섯 가지 이유가 있다.

첫째, 가장 안전한 주거 형태다. 물론 경호원이 지키는 저택도 있지만, 그건 예외로 하고 말이다.

둘째, 튼튼하다. 내가 4년간 살았던 빌라는 주인이 직접 지은 건물이라 싱크대도 브랜드 제품이었고 창호도 견고하고 좋은 자재를 썼다. 그런데도 건축연도에 비해 노후 정도가 심했다. 천장에서 물이 쏟아질 때마다 내 눈에서도 눈물이 쏟아졌는데, 빌라에는 투자하지 말라는 신의 계시로 알고 버텼다. 대형 건설사가 짓는 아파트에 비해 빌라는 최저가로 날림 공사를 했을 가능성이 크다. 빌라는 자재를 어떻게 썼는지 내부를 얼마나 꼼꼼하게 마감했는지 알 수가 없다. 신축 빌라를 분양받는다 해도 과연 몇 년 동안이나 짱짱할까? 10년이 넘어가는 순간 인테리어 공사로는 감당이 안 되는 수준으로 망가지기 시작한다. 지은 지 10년만 지나도 빌라는 20년 된 아파트보다 더 심하게 노후화된다.

셋째, 관리가 잘된다. 이에 비해 빌라는 주인이 여러 명이어서 관리의 주체가 없는 경우가 많다. 아파트처럼 관리소장이 있는 것도 아니고 장기수선충당금을 적립해두는 것도 아니어서 문제가 발생해도 책임지려는 사람이 없다. 내가 살던 빌라 윗집은 배관이 자꾸 터지니 아예 집을 팔고 떠났다. 우리 집주인은 어느 순간부터는 내 전화를 받지 않았다. 아파트라면 문제가 생겼을 때 관리사무소에 말하라고 하면 된다. 관리사무소에서도 도와주지 못할 영역이라면 관리소 측에서 업자를 연결해주고 집주인은 수리비만 보내면 문제가 해결된다. 또한 아파트는 거주자가 겨울에 눈을 치우지 않아도 되고, 정원 관리를 하지 않으면서도 조경의 아름다움을 누릴 수 있다. 계단이나 복도 물청소를 하지 않아도 되며, 마당이나 대문 앞을 쓸지 않아도 된다. 외부 공간 청소뿐 아니라 주기적으로 집 안도 소독해준다. 소방시설도 점검해주고 쓰레기 처리도 해준다. 한마디로 알아서 관리해준다. 물론 그 비용이 모두 관리비에 포함되어 있지만 매력적인 서비스임에는 틀림이 없다.

넷째, 학교와 놀이터가 있다. 학교가 단지 안에 없더라도 대부분은 근처에 있어서 아이들이 큰길을 건너지 않고 등·하교할 수 있다. 또 아이들이 아파트로 이사 가고 싶어 하는 가장 큰 이유는 놀이터가 잘돼 있기 때문이다. 요즘은 어린이 도서관을 꾸리는 아파트도 늘어나고 있다. 아이 키우기에 제법 좋다.

다섯째, 편의시설이 잘 갖춰져 있다. 무인택배함(혹은 경비실), 상대적으로 여유로운 주차 공간, 경로당 등은 빌라에는 없는 시설이다. 즉 어린아이부터 노인까지 아파트 생활이 편리하다는 점은 두말할 필요도 없다.

🏠 내가 빌라에 투자하지 않는 이유

나는 빌라에는 투자하지 않는다. 여자가 살기 힘든 집은 좋은 집이 아니기 때문이다. 빌라가 돈이 안 돼서가 아니다. 나처럼 평범한 주부인 지인 한 명은 수년간 반지하 빌라만 공략하여 큰 수익을 냈다. 그녀는 비가 새고 곰팡이가 핀 반지하 빌라만 보면 싸게 살 수 있다는 생각에 가슴이 설레고 행복했다고 한다.

또 다른 지인도 인천의 재개발지역 20평짜리 반지하 빌라를 경매로 3,000만 원에 구입해 25만 원씩 월세를 받았다. 대출 2,500만 원에 500만 원의 월세보증금을 받았으니 자기자금은 하나도 들지 않은 셈이다. 대출이자를 제외하고 매달 15만 원씩 남는 구조다. 투자금이 제로였다는 점을 고려하면 더더욱 적은 돈이 아니다. 경매를 전문으로 하는 그는 그런 집을 여러 채 소유하고 있다. 그중 하나가 뉴스테이(기업형 임대주택) 지역으로 선정되어 '대박'이 나기도 했다. 이처럼 빌라 투자로도 분명 수익을 낼 수 있다. 하지만 나는 굳이 높은 리스크를 안고 가고 싶지 않다. 더욱이 집에서 아이들을 돌봐야 하기 때문에 최대한 에너지를 아껴야 한다.

아파트보다 저렴하니 초보자들은 빌라 투자부터 시작하기도 한다. 문제는 빌라 투자는 한두 번 하다가 멈추는 경우가 적지 않다는 것이다. 누수 등 하자를 몇 번 경험하고 나면, 세입자의 불만 전화에 지친 나머지 부동산에는 더 투자하고 싶지 않아진다고들 한다. 나는 빌라에 살면서 직접 불편을 겪어봤기에 세입자나 매수자에게 빌라를 권하기가 양심상 떳떳하지 못하다는 생각도 있다. 내가 살기 싫은 집에 남더러 살라고 할 수는 없다. 물론 아파트도 마찬가지다. 나는 내가 살고 싶지 않은 아파트는 구입하지 않는다.

어느 추운 겨울날 있었던 일이다. 마음에 쏙 드는 아파트를 발견했다. 분석을 열심히 해서 투자하면 성공하겠다는 확신을 얻고 계약서를 쓸 생각으로 현장에 갔다. 그런데 이해할 수 없는 광경을 목격했다. 대낮에 아파트 단지 한쪽에서 노인들이 안주도 없이 소주를 마시고 있는 것이었다. 아이들도 지나다니는데…. 나는 아이가 보는 앞에서는 술은 물론 인스턴트식품도 먹지 않는다. 꼭꼭 숨겨놓고 아이가 자거나 어린이집에 갔을 때 몰래 먹는다. 얍삽(?)하긴 하지만, 기본적으로 나는 어른이라면 항상 아이들 앞에서 모범을 보이고 교양 있게 처신해야 한다고 생각한다. 아이들 보기 부끄러운 어른들이 있는 아파트는 내가 살고 싶은 곳이 아니었다. 결국 투자 결심을 접었다.

재미있는 것은 그 아파트가 1년 사이에 6,000~7,000만 원이나 올랐다는 사실이다. 눈앞에서 수천만 원을 잃은 셈이다. 그걸 알았을 때, 초보 투자자 시절이었다면 우울증에라도 걸렸겠지만 어느 정도 투자 경험이 쌓인 터라 내 결정을 후회하지 않았다. 기회는 또 잡을 수 있다. 하지만 훗날 내가 그 집을 팔 때, 어떤 아이 엄마가 집을 보러 와서 같은 광경을 목격한다면 어떤 마음이 들겠는가. 그 아파트는 6,000~7,000만 원이나 오른 것이 아니라 6,000~7,000만 원밖에 오르지 않은 것이다. 대낮에 '깡소주'를 마시는 노인들이 없었다면

1억 원은 오르지 않았을까.

나는 현장에 가면 물건만 보는 게 아니라 사람들까지 유심히 본다. 엘리베이터에서 마주치는 여자들, 놀이터에서 노는 아이들, 친구와 이야기하며 지나가는 청소년들, 그들의 인상을 보고 그들이 무슨 말을 하고 어떻게 행동하는지 안 보는 체하면서 슬그머니 살핀다. 여자의 마음으로 본다.

여자들은, 정확히 말하면 아이 엄마들은 우리 아파트 단지에 착하고 똘똘한 아이들과 마음씨 좋은 아줌마들과 점잖은 노인들이 많이 살았으면 좋겠다고 생각한다. 그들이 내 아이의 친구, 친구의 엄마, 친구의 할머니 할아버지가 될 테니 말이다.

남자들은 이런 세세한 부분까지 보지 못한다. 남자들에게는 위치와 가격만이 중요하다. 남자에게는 없는 눈을 여자는 갖고 있다. 여자의 영역인 집은 여자가 투자해야 성공할 가능성이 크다. 부동산 투자가 주부에게 딱 맞는 또 하나의 이유다.

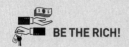
BE THE RICH!

다가구주택과 다세대주택의 차이는?

다가구주택은 건물 1채를 1인이 소유할 수 있지만 다세대주택은 소유주가 여러 명이다. 이렇게 집주인이 여러 명이면 건물이 제대로 관리되지 않는다. 예를 들어 공용 공간의 타일이 깨지거나 페인트가 벗겨지거나 기타 하자가 생겨도 나서서 처리해주는 주체가 없다. 건물이 통째로 내 것이라면 배관 교체나 외벽 페인트칠 같은 작업을 통해 가치를 상승시킬 수 있을 것이다. 하지만 다세대주택이나 주인이 수십 명인 도시형생활주택(일테면 고층 원룸 건물) 등은 서로 연락처도 모르는 경우가 허다하다.

범죄야 물러가라!

2014년 8월부터 국토교통부는 '건축물의 범죄 예방 설계에 관한 고시'를 개정하고 '공동거점형 택배' 시범 사업을 운영하고 있다. 500인 이상 거주하는 공동주택에 무인택배함 설치 공간을 두도록 한 조치다. 20평대 아파트 단지라면 200세대 이상일 때 500인 이상 거주하게 되므로 이 대상에 포함된다. 신규 분양하는 고급 아파트에만 있던 무인택배함이 이제는 200세대 이상의 소규모 아파트 단지에도 설치되는 것이다.

CHAPTER 3

돈 되는 아파트,
돈 안 되는 아파트

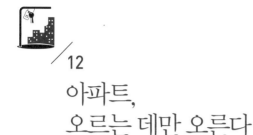

12

아파트,
오르는 데만 오른다

🏠 '부동산의 종말'이라는 예언은 틀렸다

2010년 전후로 대전에서는 전세가가 말 그대로 미쳐 날뛰었다. 그 이유가 내게는 마치 비밀처럼 느껴졌다. 경제 공부를 하면서 그 비밀은 오래지 않아 밝혀졌는데, 놀랍도록 단순한 이유였다. 즉, 수요와 공급의 불일치다.

2008년 금융위기 이후 금리가 계속해서 올랐고, 높은 대출이자를 내면서까지 집을 사려는 사람들이 없어졌다. 그래서 전세가가 엄청나게 오른 것이다. 게다가 임금은 동결되고 저축은행들이 문을 닫는 등 경기가 급속도로 나빠지니 건설사들도 공급량을 줄였다. 신규 분양 아파트는 적고 오래된 아파트만 있으니 잠재 매수자는 집을 사기보다 전세를 찾아 나서게 되었다. 그리고 집주인 역시 매매차익을 꿈꾸기보다는 매월 돈이 들어오는 월세를 선호하게 되었다. 이처럼 전세물건은 귀한데 전세를 찾는 이들은 많으니 가격이 폭등할 수밖에.

수요와 공급의 불일치를 단적으로 보여주는 사례다. 그러니 '한국에서 이제 아파트는 끝났다'는 말은 틀린 것이다. 수요가 있는 곳은 늘 오른다. 이를테면 같은 기간 서울은 집값이 떨어져도 부산은 오를 수 있고, 역으로 부산은 떨어지는데 서울은 오르는 식이다. 시기에 따라서도 다르다. 같은 지역, 같은 아파트라도 오르는 시점이 있고 떨어지는 시점이 있다.

과거에는 대기업에만 들어가면 안정적인 미래가 보장되었다. 불과 얼마 전까지만 해도 누가 대학 나와서 9급 공무원이 되려고 했나. 다들 대기업에 들어가려고 발버둥을 치지 않았던가. 하지만 이제는 달라졌다. 현재의 인기 직종이 아니라 미래에 인기 있을 직종, 새롭게 부상할 직업을 선택해야 살아남을 수 있다.

아파트도 마찬가지다. 과거에는 아파트를 사두면 무조건 올랐다. 하지만 이제는 사두기만 하면 돈이 되던 시대는 지나갔다. 그러므로 아무 아파트나 분양받아서는 안 되고, 아무 때나 사서도 안 된다. 아무리 입지가 좋아도 주변에 공급물량이 많아지면 가격이 오르지 않을 수도 있다.

그렇다면 어떤 아파트를 언제 구입해야 가격 상승의 혜택을 볼 수 있을까? 사람들은 어떤 곳에 살고 싶어 하고, 어떤 아파트를 사고 싶어 할까?

이 질문을 파고들기 위해서는 가장 먼저 '아파트 구매력은 어느 연령대가 가장 좋을까?'에 답해야 한다. 나는 30대의 구매력이 가장 좋다고 생각한다. 40대는 자녀 교육비 지출이 급격히 늘어나는 때다. 그리고 이후에는 노부모 봉양, 은퇴 준비 등으로 아파트 투자를 할 여력이 30대에 비해 점차 적어진다.

🏠 모의 투자부터 하라

그렇다면 30대가 선호하는 지역은 어떤 곳일까? 30대는 학군도 학군이지만 아무래도 직장 접근성이 좋은 곳, 교통이 편리한 지역을 선호한다. 실제로 이런 곳은 전세가가 높고 가격이 꾸준히 오른다.

사실 사람들이 원하는 입지는 정해져 있다. 근처에 지하철역이 있고, 초등학교가 가까우며(초등학생이 버스를 타고 학교에 다니기는 힘들기 때문에 중·고교가 아니라 초등학교의 위치가 중요하다), 대형 할인점이 있어 편리하고, 공원이 가까워 쾌적한 곳. 누구나 이런 곳에서 살고 싶어 한다. 당연히 수요는 많은데 공급이 없다. 들어가고 싶어 하는 사람은 많은데 나오는 사람이 없다. 살기 편한 데다 아이 친구들도 있고 정든 이웃들도 있으니 더더욱 그곳을 떠날 수가 없다.

또 특정 동네에 살 수밖에 없는 사람들도 있다. 강남에 직장이 있는 사람이라면 파주나 일산에 집을 구할 수는 없다. 성남이나 군포에서는 살아도 파주에서는 못 산다. 이처럼 수요와 공급을 따져서 불일치하는 곳을 찾아내야 한다. 전국 어디든 공급보다 수요가 많은 지역이라면 상승의 여지가 있다. 따라서 돈을 벌 기회가 있다.

그렇다면 어느 곳이 수요가 많을까? 여자의 마음에서 생각해보라. 엄마들에게는 전세로 잠깐은 살되 오래도록 살고 싶지는 않은 동네가 있고, 빨리 돈을 모아 집을 사거나 높은 전세보증금을 주고라고 들어가 살고 싶은 동네가 있다. 내가 살고 싶은 곳이 어디인지를 잘 생각해보라. 물론 학군 좋은 부자 동네의 드넓은 60평대 아파트에서 살고 싶을 것이다. 하지만 너무 비싸다. 가격대까지 고려해서 어느 곳에 살고 싶은지 생각해보면 사람들이 선호하는 지역과 아파트가 보일 것이다.

예를 들면 아파트 인근에 유기농 상품 매장이 있는지 체크를 하는 게 좋다. 아이를 적게 낳는데다 아토피, 비염 등 알레르기성 질환을 앓는 아이들이 늘면서 품질 좋은 식재료를 찾는 부모가 많아졌기 때문이다. 건강을 중시하는 사람들도 유기농 매장이 있는 지역에서 벗어나기가 힘들다. 향후 유기농 매장에 대한 프리미엄이 더 붙을 것으로 예상된다.

실제로 투자를 하기 전에 모의 투자를 해보며 안목을 키우는 것도 매우 좋은 방법이다. 나는 부동산 공부를 할 때 돈은 부족한데 어찌나 투자를 시작하고 싶던지 가짜로 투자를 했다. 주식은 모의 투자 대회도 열곤 하는데 왜 부동산에는 그런 대회가 없는지 아쉽기도 했다. 내가 잘 아는 지역이니 대전부터 시작했다.

우선 사고 싶은 아파트의 매매가, 전세가, 월세가 등 시세를 조사했다. 시세는 국토교통부 실거래가 사이트나 네이버 부동산 사이트에서 쉽게 확인할 수 있다. 그런 다음 해당 부동산중개소에 전화를 걸어 내가 점찍어놓은 매물이 아직 팔리지 않은 물건인지, 시세는 얼마인지 다시 한 번 확인했다. 전세나 월세를 구하는 세입자인 것처럼 전화해서 임대물건 개수도 파악했다. 임대물건이 많으면 매수 시 잔금을 치를 때 공실이 날 위험이 크기 때문이다. 세입자가 들어오지 않으면 보증금을 받지 못하므로 대출을 받아서 매도자에게 잔금을 줘야 한다.

그렇게 고르고 골라서 적당한 매물을 찾으면 아파트를 직접 보러 갔다. 시세를 비롯해 북향인지 서향인지를 보고, 로열동인지, 내부 상태는 어떠하고 주변 환경은 어떤지 등을 자세히 살피면서 메모했다. 투자 결심이 서면, 이 매물을 구입한다고 가정하고 대출을 포함해 필요한 투자금을 산정했다. 이 모두를 기록으로 남겨두었다. 1~2년 후에 과연 어떤 부동산이 오를지 궁금했고 내 판단이 맞았는지 확인해보고 싶었다.

실제로 1~2년 후에 자료를 꺼내보니 어떤 아파트가 투자금액에 비해 가격이 많이 올랐는지 한눈에 알 수 있었다. 물론 어떤 아파트에 투자하면 망하는지도 눈에 보였다. 지난 6년간의 실전 투자에서도 배운 것이 많지만, 나는 수백 개의 모의 투자 결과에서 더 많은 것을 배웠다. 모의 투자를 하면서 남겨놓은 자료는 지금도 소중히 보관하고 있다.

그동안의 경험으로 터득한, 돈 버는 아파트 고르는 법에 대한 소개가 이번 장의 내용이다.

/13

영원한 희소가치,
20평대 아파트

🏠 실거주는 중·대형, 투자는 소형

2008년 금융위기 이후 건설 경기가 급속히 침체하면서 기존의 대형 아파트는 거래가 거의 이루어지지 않았다. 그러다 보니 신규 분양에서도 대형은 미분양이 속출했다. 투자자 입장에서는 소형과 대형의 전세가 차이가 크지 않은데 매매가의 차이가 크니 투자금만 많이 들어가는 형국이었다.

실거주자라면 중·대형을 사는 것도 나쁘지 않다고 생각한다. 중·대형 가격이 예전보다 많이 하락해서 급매물을 잡을 경우 평당 단가가 매우 낮아지기 때문이다. 과거에는 대형 평수의 평단가가 가장 높았지만 이제는 20평대가 가장 높다. 가격 상승도 앞으로는 20

평대가 이끌게 될 것이다. 20평대가 오르면 그다음으로 30평대가 오르고, 그다음 순서로 40평대가 오르는 식이다. 저출산·고령화·저성장 국면에 접어든 지금은 과거처럼 대형 평수가 매매가격을 리드하는 현상이 일어나기는 쉽지 않다. 소형이 올라서 어쩔 수 없이 중·대형이 오르는 형국이 될 것이다.

물론 예외적으로 수요자들이 중·대형 평수를 선호해서 프리미엄이 높게 붙는 지역이 존재하기도 한다. 방 4개짜리 집을 원하는 사람들도 있기 때문이다. 하지만 이때도 조건이 있다. 택지개발지구 내에서 중·대형 평수의 비율이 현저히 낮아야 한다는 것이다. 즉 신규 분양 아파트에서 중·대형 평수의 물량이 극히 적어야 한다는 의미다.

장기적으로 실제 거주할 목적이라면 중·대형을 선택하는 것도 나쁘지 않다. 집을 투자나 재테크의 수단으로만 볼 수는 없기 때문이다. 하지만 '소형이 많이 올랐으니 중·대형도 오를 차례'라는 막연한 짐작이나 근거 없는 소문만 믿고 중·대형에 투자하는 오류는 범하지 않았으면 좋겠다.

이에 비해 20평대 아파트는 영원한 희소가치가 있다. 이제는 20평대 아파트를 잘 짓지 않으려 하기 때문이다. 요즘의 20평대는 방 3개에 욕실 2개짜리 확장형 구조로 30평대와 다를 바가 없다. 이런 구조는 분양가 대비 건축비가 많이 든다. 욕실, 싱크대, 수납장은 똑같으니 바닥이 좁을수록 평당 건축비가 높아지지 않겠는가. 공급자로서는 30평대 이상을 많이 내놓는 것이 훨씬 이득이다. 경기가 좋을 때 건설사들이 대형 평수 위주로 아파트를 지었던 것도 이 때문이다.

🏠 방 3개, 계단식, 20평대

20평대는 대부분의 사람이 가장 선호하는 평형이다. 신혼부부도 은퇴한 노년부부도 선호하고, 혼자 사는 사람도 20평대를 좋아한다. 1~2인 가구라고 해서 좁은 집에 살고 싶어 하는 것은 아니다. 내 집 마련을 꿈꿀 때도 최소한 20평대 아파트를 생각한다. 집을 구매하려는 욕구가 가장 큰 세대는 아직 어린 자녀를 둔 30대 부모인데, 같은 20평대라 해도 방 2개짜리는 아이들 키우며 살기에는 불편하다고 느껴진다. 또 복도식일 경우 복도로 이웃들이 통행하므로 여름철에 문을 열어놓고 있기가 곤란하다. 그래서 방 3개짜리, 20평대, 계단식 아파트가 가장 인기다.

이처럼 원하는 사람은 많고 물량은 적으니 전세가가 오를 때는 20평대가 가장 가파르게 상승하고, 매매가가 떨어질 때도 하락폭이 가장 적다. 부동산 경기가 침체될 때는 대형 평수가 가장 많이 하락하고 그다음으로 30평대, 마지막이 20평대다.

또한 은퇴 인구가 점점 늘어나고 가처분소득(실소득)이 줄고 있는 상황이므로 다들 관리비를 아끼고 싶어 한다. 심지어 60평대와 20평대의 전세가가 똑같은 곳도 봤는데, 관리비가 많이 나올까 봐 다들 60평대는 꺼린다는 뜻이다. 나 역시 아이가 셋이라 넓은 집에 살고 싶지만 관리비가 많이 나올까 봐 40평대 이상에 거주하기는 조금 망설여진다. 아직은 한 달에 몇만 원이라도 더 아껴 투자금에 보태고 싶은 마음이 크다.

지난 몇 년간의 투자 경험상 투자금 대비 가장 많은 수익률을 낸 평형이 20평대였다. 매매차익은 물론 월세수익률 역시 20평대가 30평대보다 높았다. 사용가치와 교환가치 측면에서 20평대는 다른 어떤 평형보다 우월하다.

세금 면에서도 대형은 불리하다. 2015년에 대형 아파트 관리비에 부가세를 붙이기로 했다가 반발로 무산된 적이 있다. 부가세율은 10%, 과세 대상은 165㎡(50평형) 이상이었다. 앞으로 또 추진될지 모르니, 될 수 있으면 51평이 아니라 49평을 선택하는 것이 좋겠다.

전세보증금에 대한 과세도 추진되었는데, 국민주택 규모인 85㎡(33평형), 기준시가 3억 원 이하에 대해서는 유예되었다. 그러나 기준시가는 매년 초 다시 매겨진다. 3억 원이 넘어가는 시점부터는 세금을 부과하니 신경 써야 한다. 어쨌거나 각종 세금을 부담하면서까지 대형에 투자할 이유는 없을 것이다. 게다가 전세가율이 낮아 투자금액도 가장 많이 든다.

향후 매도할 시점을 생각해도 85㎡ 이하, 기준시가 3억 원 이하 아파트가 부담이 없다. 많이 투자해서 많이 벌려고 하면 욕심이 지나쳐 탈이 나기 쉽다. 나는 작게 투자해서 작은 이익에 만족하고 싶다.

🏠 방 2개, 20평대

요즘 지어지는 20평대 아파트는 한결같이 방 3개에 욕실 2개다. 서울에서는 이런 구조의 새 아파트가 보통 5~6억 원은 한다. 그래서 20평대에 방 2개, 욕실 하나만 있어도 되니 저렴한 아파트에 살고 싶다는 사람도 많다. 나는 그런 아파트에 투자한다.

방 2개에 화장실 하나, 역세권. 오래된 아파트라도, 또 주변에 아무리 새 아파트가 들어서도 이런 아파트는 수요가 줄지 않는다. 가격 메리트가 있기 때문이다. 그래서 가격도 상당히 오르는데, 오른다 해도 다른 아파트보다 저렴하고 방 2개짜리는 희귀하기 때문에 수요자들이 잘 옮겨가지 않는다. 이들이 옮겨갈 수 있는 곳은 빌라밖에 없기 때문이다.

특히 아이를 키우는 엄마는 빌라로 가고 싶어 하지 않는다. 위치가 언덕배기인 곳이 대부분이어서 아이들이 마땅히 뛰어놀 장소가 없다. 골목으로 자동차들도 많이 다니기 때문에 아이를 학교에 보낼 때 마음이 놓이지 않는다는 점도 있다.

🏠 중·대형과 함께 있는 20평대

한국 사람들은 나보다 잘사는 사람과 어울리기를 좋아하는 특성이 있다. 나보다 못사는 사람들과는 같은 동네에 사는 것도 탐탁지 않아 한다. 주변에 임대아파트나 행복주택이 있으면 가격이 하락하는 이유가 이것이다.

따라서 같은 입지와 비슷한 가격이라면 소형 평수로만 이루어진 단지보다는 중·대형 평수와 함께 있는 단지가 더 좋다. 그리고 될 수 있으면 주변 집값이 비싼 지역이 좋다. 주민들 소득이 높고 집값이 비싼 곳은 학군도 좋고 수요가 탄탄하다. 내가 투자한 집이 가장 큰 평수면 상승할 때 혼자 이끌어야 한다. 하지만 내 앞에 더 큰 평형의 아파트와 값비싼 아파트가 있다면 오르기도 수월하고 상승 여력도 더 있다.

역으로 중·대형 아파트를 구입하는 경우라면, 소형 없이 중·대형 평형끼리만 어울려 있는 단지를 선택하는 것이 좋다. 즉 20평대를 고를 때는 20·30·40평대로 이루어진 단지를, 40평대를 고를 때는 40·50·60평대가 함께 있는 단지를 선택하면 된다. 내가 가진 아파트가 그 단지에서 가장 작으면 되는 것이다.

🏠 10평대가 매력 없는 이유

소형 아파트가 대세이니 10평대 아파트에 투자하는 것은 어떨까 생각할 수 있을 것이다. 결론부터 말하면 10평대, 특히 지방 10평대 투자는 바람직하지 않다. 물론 초소형 아파트로서의 장점도 있다. 우선 월세수익률이 다른 평형보다 월등히 높다. 경험상 비도시 지역에서는 투자금이 거의 들지 않으면서 연 20~30%의 고수익이 나오는 10평대가 아주 많았다. 노후한 아파트의 경우에는 평단가도 아주 저렴했다. 하지만 전국 각지를 돌아다니면서 살펴본 결과, 10평대에는 투자하지 않겠다는 굳은 결심만 생겼다. 그 이유는 크게 네 가지다.

첫째, 공실이 많은 편이다. 월세수익률이 높은 곳은 투자자들이 월세를 선호하므로 늘 매물이 넘쳐난다. 그런데 세입자 입장에서 보면 전세자금대출을 받아 전세보증금을 마련할 수 있다. 이때의 대출 이자가 월세보다 훨씬 저렴하다. 따라서 금리가 낮아질수록 월세는 낮아질 수밖에 없다. 투자자 입장에서는 한두 달만 공실이 생겨도 수익률이 뚝 떨어진다. 공실이라 해서 관리비를 면제해주는 것은 아니기 때문에 관리비 지출까지 고려하면 더 낮아진다. 실제로 내가 봤던 10평대 아파트 가운데는 공실이 없는 곳이 없었다. 덕분에 늘 빈집에 들어가 편안히 내부를 구경할 수 있었지만, 이런 생각이 들었다.

'아, 나도 이 집을 사면 공실 때문에 고생하겠구나.'

둘째, 도시형생활주택이나 원룸과의 경쟁에서 밀린다. 10평대 아파트에서 월세로 사는 이들은 대부분이 1~2인 가구다. 만약 그 아파트 주변으로 많은 인구가 유입되어 물량이 부족해지면서 전·월세 가격이 상승할 기미가 보인다고 하자. 그러면 주변에 도시형생활주택, 원룸 등이 재빠르게 생겨난다. 10평짜리 원룸을 짓는 데 드는 건축비가 3,000만 원 선밖에 되지 않으니 어려운 일이 아니다. 풀 옵션으로 가구와 가전까지 들어 있는 새집과 오래된 아파트 중에서 세입자는 어디로 갈까? 내가 세입자라면 저렴하면서도 새집인 곳으로 갈 것이다. 10평대 아파트는 이처럼 희소가치가 있다 해도 그 가치를 오래 유지하지 못한다.

셋째, 10평대도 수리나 관리를 하는 데 20~30평대와 똑같은 품이

든다. 적은 투자금으로 월세를 받아 수익을 내려면 여러 채에 투자하는 방법밖에 없다. 실제로 10평대 아파트에 투자하러 부동산중개소에 가면 여러 채를 묶음으로 매수하기를 원한다. 1채를 관리하기 위해 먼 곳을 오가기는 힘들기 때문이다. 10평대에도 똑같이 욕실, 싱크대, 보일러가 있다. 문제 발생의 여지가 큰 평수들과 다르지 않다는 얘기다. 세입자가 이사 들어오고 나갈 때마다 도배, 장판을 신경 써야 하고 부동산을 통해 계약해야 한다는 점도 똑같다. 집에 문제가 없다면 좋겠지만 10평대 아파트는 대개 옛날 아파트라 수리할 일이 잦을 가능성이 크다.

넷째, 지방의 10평대 아파트는 구매 의욕을 불러일으키지 않는다. 대한민국에 내 집으로 10평대 아파트를 꿈꾸는 사람이 얼마나 될까. 10평대 아파트는 실거주자가 아니라 투자자가 사고(여러 채씩), 투자자들은 늘 사고팔기 때문에 매물이 많다. 팔려는 사람이 많으니 가격 상승도 어렵다. 나의 지난 6년간 경험을 봐도 10평대 아파트는 좀처럼 매매가가 오르지 않았다. 전·월세 가격 역시 오르는 데 한계가 있었다.

이에 비해 수도권의 역세권 10평대 아파트는 최근 전세가와 매매가가 무섭게 올랐다. 수도권은 집값이 워낙 비싸기도 하고, 출퇴근이 가능한 역세권에는 이 이상 저렴한 금액으로 원룸이나 빌라를 공급하기가 쉽지 않아서다. 아파트 대체재를 지을 수 있는 지방과는 다르게 수도권 역세권의 10평대는 희소가치가 나날이 빛나고 있다.

20평대 오피스텔은 어떨까?

"신축 오피스텔 1억 원에 3채 드립니다. 수익률 13%!"
이런 현수막을 한 번쯤은 봤을 것이다. 얼른 봐도 기대 월세수익이 과도하게 높게 책정되어 있음을 알 수 있다. 입주 초기부터 임차인이 꽉꽉 들어서는 오피스텔은 거의 없기 때문이다. 자신이 관리비와 대출이자를 몇 달간 낼 것을 감수해야 한다. 그러니 수익률 13%는 그냥 '뻥'이라고 보면 된다.

또한 오피스텔은 전용 면적이 아파트의 50% 수준이다. 20평대라 하더라도 실제 10평대밖에 안 된다. 주차장도 비좁다. 게다가 오피스텔은 업무용 건물이다. 주택은 취득세가 1.1%인 반면 업무용 건물은 4.6%나 된다.

오피스텔은 세입자들이 주로 거주하고 있어 입주자 대표회의를 구성하기도 힘들다. 그래서 관리업체를 시행사나 시공사에서 선정하므로 관리비 부풀리기의 온상이 되기 쉽다. 동일 평형 아파트에 비해 관리비가 비싸다고 알려진 이유가 이 때문이다. 또 실거주자의 비율이 낮으니 임대나 매매물건이 마를 날이 없다.

도시 대로변에 짓는 오피스텔의 특성상 이웃 건물에 가로막혀 조망과 채광을 확보하기가 어렵다는 점도 단점이다. 난방비가 많이 나올 수밖에 없다.

특히 지방은 역세권 오피스텔이라 해도 큰 메리트가 없다. 수도권과 달리 대중교통을 이용하기보다는 차량을 가지고 다니기가 편한 환경이기 때문이다. 더욱이 지방의 아파트는 상대적으로 가격이 저렴한 편이므로 같은 월세 가격이면 오피스텔보다 아파트를 선택할 것이다. 전용률이 높아 좀 더 넓게 살 수 있다.

다만 대중교통을 이용하지 않으면 출퇴근이 어려운 서울, 그중에서도 강남으로 갈 수 있는 지하철 역세권이나 조망이 좋은 곳의 오피스텔은 앞으로도 가격 상승을 기대할 수 있을 듯하다. 2016년 하반기에 기준 금리를 1%까지 인하한다는 소식이 있는데, 그렇게 되면 월세 나오는 부동산에 더욱 관심이 집중될 것이다.

수익형 부동산에 접근할 때는 이처럼 서울과 지방을 차별화해 분석해야 한다.

14
살 때부터 팔 때를
생각하라

🏠 과거의 거래량을 확인하라

매매차익으로 돈을 버는 방법을 한마디로 말하자면, '잘 팔리는 집을 사서 잘 팔리는 타이밍에 파는 것'이다. 지금부터 잘 팔리는 집을 고르는 방법을 소개한다.

요즘은 전세가가 워낙 높아 비교적 소액으로 아파트를 살 수 있다. 매수는 쉽다. 그렇다면 매도도 쉬울까? 살 때부터 팔 때를 생각해야 한다. 아무리 가격이 오르면 뭐하나, 내가 팔 타이밍에 사는 사람이 없다면.

집은, 사는 건 정말 쉽다. 경매로 집을 산다면 최고가를 적어내 낙찰받으면 그만이다. 그러나 그것은 경매의 목표가 아니다. 부동산 투자의 목표는 매수가 아니라 적절한 매도다. 그래서 매수 시점에 매도 시점과 매도 예상 가격을 모두 결정해야 한다. 매도 시점도 모르겠고 가격도 예측할 수 없다면 그 부동산은 매수해서는 안 된다. 모르겠다는 건 내공이 부족하거나 그 부동산이 가치가 없거나, 둘 중 하나다. 어쩌면 둘 다일 수도 있다.

그렇다면 잘 팔릴 아파트는 어떻게 알아낼 수 있을까? 우선 그동안의 거래량을 보면 된다. 특히 불황기에도 꾸준히 매매가 이루어지는지를 살펴봐야 한다. 호황기, 상승기에는 물건이 귀하니 비인기층도 잘 팔리기 때문이다. 국토교통부 실거래가 사이트를 참고하면 어느 층수가 거래가 잘되는지 정도는 알 수 있다.

재작년, 드디어 8년간의 전세살이를 끝내고 우리 가족이 살 집을 구할 때였다. 나는 아이가 셋이라, 그것도 다 남자아이라 1층을 원했다. 그러나 1층은 탑층(꼭대기 층)과 더불어 매도가 쉽지 않다. 그래서 점찍어놓은 아파트 1층을 놓고 거래가 얼마나 활발한지 살펴봤다. 초등학교와 중학교가 가깝고 도서관까지 도보로 1분 거리라는 장점으로 아이들 키우는 집이 많아서인지, 1층도 매년 거래되고 있었다. 호황이든 불황이든 꾸준했다. 게다가 중간 라인이었고, 리모델링이 되어 있어 원하는 시기에 매도할 수 있겠다는 확신이 들었다. 무엇보다 입지가 좋았다. 강남행 고속버스 정류장까지 걸어서 3분이면 갈 수 있고, 인근에 백화점과 지하철역도 들어설 예정이었다.

투자하기 전에 해당 아파트의 매매 역사는 반드시 확인해야 한다. 내가 아는 수도권의 어떤 단지는 2007년을 마지막으로 5년간 탑층

거래가 단 한 건도 없었다. 이때는 아무리 입지가 좋다고 해도, 탑층 말고는 매물이 없다고 해도, 혹은 투자금이 모자란다고 해도 투자를 해서는 안 된다. 팔아야 할 때 팔리지 않아 애물단지가 될 가능성이 크다.

초보 투자자이고 소액 투자자라면 묶이는 돈 없이 계획한 시점에 매도하는 것을 목표로 해야 한다. '전세가가 오르니까 매매가도 당연히 오르겠지'라는 안일한 생각으로는 고수 투자자들을 위해 매물의 씨를 말려주는 뜨내기 노릇만 하게 된다.

아파트는 장기로 투자하는 곳이 아니다. 안 팔리면 골치 아파진다. 2014년은 매도가 힘든 시기였다. 주택 임대소득에도 세금을 부과한다는 2·26 대책의 영향으로 부동산시장이 얼어붙었던 해다. 당시 계획한 시점에 팔지 못해 강제로 장기 투자를 해야 했던 지인들이 주변에 꽤 있다. 물론 나는 포기하지 않고 기를 써서 급매로 팔았다. 돈이 많으면 굳이 매도하지 않고 전세를 한 번 더 놓을 수도 있겠지만, 나는 그 투자금을 회수해야만 하는 가난한 투자자였기 때문이다.

🏠 전세 현황을 파악하라

잘 팔릴 집을 아는 또 하나의 방법은 전세 현황을 보는 것이다. 내놓은 전세물량이 적다는 것은 이사 오는 사람들이 끊임없이 있다는 뜻이다. 즉 사람들이 선호하는 곳이라는 의미다. 전세가율도 중요한 지표가 된다. 전세가는 매매가와 비슷한 수준으로 높아야 한다. 그래야 높은 전세금을 감당하지 못하고 매매로 전환하는 수요가 생긴다. 전세가가 낮으면 실거주자들이 계속 전세로 살려 한다. 또한 전세가율이 낮다는 것은 살기 좋은 곳이 아니라는 방증이다(다만, 입주 초기에 전세물건이 동시에 쏟아져 일시적으로 전세가가 낮을 수는 있다).

따라서 투자할 집을 보러 다닐 때는 실거주자를 가장해 "전세 있어요?"라고 물어보면서 전세물건부터 파악하라. 이때 몇 동 몇 층인지, 수리 상태는 어떤지, 입주 가능일은 언제인지 꼼꼼하게 파악해야 한다. 모두 내 경쟁자이기 때문이다.

앞으로는 뉴스테이가 새로운 트렌드로 떠오를 것이다. 내가 투자할 지역에 뉴스테이 계획이 있는지 자세히 알아보고, 계획이 있다면 발 빠르게 팔고 나와야 한다. 그동안의 임대주택은 월세가 대세였다. 하지만 머지않아 시세보다 낮은 가격으로 새 아파트 전세를 공급하는 시대가 올 것이다.

🏠 로열동·로열층을 공략하라

부동산 경기가 호황일 때야 가격만 맞으면 아무 물건이나 잘 팔리지만, 불황일 때는 철저하게 로열동·로열층 급매 위주로만 팔린다. 만약 한 달에 나온 매물이 20개인데 매수자가 딱 1명이라면 그가 저층이나 탑층을 구입할 확률은 지극히 낮다. 매도자의 급한 사정에 맞춰

로열층을 시세보다 싸게 살 수 있으니 그럴 이유가 없는 것이다.

그런데 동과 층만큼 라인도 중요하다. 몇 년 전 9층에다 남향인 집을 봤다. 남향은 비싸고 드문데도 1층과 400만 원밖에 차이가 나지 않았다. 그래서 계약을 하고 전세를 놓았는데 좀처럼 세입자가 구해지지 않았다.

알고 보니 꺾인 라인의 안쪽에 있는 집이었다. 남향임에도 동향으로 배치된 옆 동이 햇빛을 가리는 치명적인 단점이 있었다. 그래서 사람들이 가장 싫어하는 라인이라고 하던데, 그런 구조의 아파트는 처음 봤다. 결국 한 달 가까이 공실로 두다가 겨우 세입자를 들였다. 남향에 로열층이니 그저 좋다고만 생각한 내 탓이었다.

참고로, 향은 사람에 따라 선호도가 다르다. 동향은 아침 6시면 해가 들어와서 일찍 일어나게 된다. 서향은 해가 늦게 드는 만큼 늦게까지 머무르니 오후 느지막이도 빨래를 널 수 있다. 아이를 키우는 주부나 낮 동안 집에 없는 맞벌이 부부라면 서향을 선호할 것이다. 참고로, 방향은 나침반 앱으로 알 수 있다. 나는 집을 보러 갈 때마다 현관에 서서 직각인 발코니 쪽으로 나침반을 향해 놓고 방향을 꼭 확인한다.

라인도 고려해서, 조금 비싸더라도 로열동·로열층을 구입하면 원하는 때 매도하기 쉽고 좋은 가격을 받을 수 있다. 다만 가격 상승이 불 보듯 뻔한 시점인데 매물이 탑층 단 하나뿐이고 매매가가 전세가와 비슷하다면, 그냥 매수하기도 한다.

일정 수준까지 오른다는 확신이 있을 때는 층을 고르면서 기다리는 것 자체가 시간 낭비일 수 있다. 그래서 나는 탑층도 보유하고 있다. 3채 모두 투자금이 1,000만 원 이하여서 부담이 없었고 매도할 때는 로열층보다 훨씬 저렴한 금액으로 내놓으려고 이미 마음을 먹었다. 이는 가격 경쟁력으로 1등 물건을 만드는 내 투자 전략이다.

내가 생각하는 잘 팔리는 아파트 순위는 다음과 같다.

- 1등: 로열동, 로열층
- 2등: 비로열동, 로열층
- 3등: 로열동, 비로열층
- 4등: 비로열동, 비로열층
- 5등: 탑층, 1층

1등 물건이 다 팔리고 나서야 2등이 팔리고, 그다음에 3등이 팔린다. 탑층은 그것 외에는 매물이 없고 부동산이 전반적으로 가격 상승의 기류를 탔을 때 어쩔 수 없이 거래되는 꼴찌 상품이다. 하지만 저렴한 가격이라는 경쟁력으로 1등짜리를 만들 계획이다. 중층보다 훨씬 저렴하다면, 거주비용을 절감하면서 채광과 조망을 확보할 수 있는 탑층을 원하는 수요자도 분명 있기 때문이다.

로열층 매물이 대량으로 풀릴 때를 피해 전세와 매물이 귀할 때 내 물건 하나만 살포시 내놓을 수도 있다. 2~3년 후에도 주변 입주 물량이 전혀 없으리라고 보인다면 상황을 보면서 더 가지고 갈 수도 있다.

그래도 결론은 역시 로열층, 로열동이다. 매도도 쉽고 상승할 때도 큰 폭으로 오른다. 팔기 힘든 녀석 2채를 사느니 똘똘한 녀석 1채를 사는 것이 훨씬 속 편하다. 집이 2채면 취득세, 중개수수료, 법무비도 2배이고 수리비도 2배로 나가니 말이다.

집값은 반드시 오를 것이고 나는 비싼 값에 팔 수 있으리라는 믿음은 근거 부족한 희망사항에 불과할 수 있다. 냉정하고 객관적으로 상황을 판단하고, 최고가로 팔겠다는 욕심을 버림으로써 지금의 흐름이 막히지 않게 하는 것이 중요하다.

🏠 시세보다 싼 집은 의심부터 하라

간혹가다 집주인에게 딱히 급한 사정이 없어 보이는데 시세보다 저렴하게 나온 집이 있다. 혹은 어떤 호재로 상승 기류를 타고 있는데도 가격의 변동이 없는 집이 있다. 나온 지 한 달이 넘었다는데 계약이 안 된 집도 있다. 실제로 가보니 집에는 별문제 없어 보인다. 그러면 여기서 깊이 생각해봐야 한다.

나는 중개소에 꼬치꼬치 캐묻는다. 몇 가지 이유를 발견할 수 있었는데, 다음은 대표적인 두 가지 경우다.

첫째, 일반 정서에 맞지 않는 비선호 라인과 층이었다. 내가 본 그 집은 다른 지역으로 발령이 나서 이사를 가야 하는데 매도가 안 되던 곳이었다. 집은 여러 차례 보여줬건만 오랫동안 계약이 이루어지지 않아 매우 지쳐 보이던 집주인의 표정이 생각난다. 그 집은 404호였다. 나는 미신을 믿지 않기에 별로 개의치 않고, 오히려 딱 떨어지는 숫자여서 '4' 자를 매우 좋아한다. 하지만 팔 때를 생각하면 이런 물건은 피해야 한다. 이런 어이없는 이유로 매도가 안 돼 애태우던 집주인을 지금까지 여럿 봤다. LH에서 미분양 아파트를 입찰할 때도 104동 404호 매물이 가끔 보인다.

둘째, 중대한 하자가 있었다. 지인이 리모델링이 매우 잘된 집을 시세보다 1,000만 원이나 저렴하게 매수했다. 잔금을 빨리 치른다는 조건이 있기는 했지만 당시는 운이 좋다고만 생각했다. 문제는 세입자가 집을 나가면서 드러났다. 누수로 욕실과 방 두 곳의 배관을 손본 흔적이 있었다. 매도자는 이 사실을 알리지 않았고, 세입자도 빨리 보증금을 받아 나가기 위해 입을 다물고 있었던 것이다. 매수 당시에는 이상이 없었으나 6개월 후 다시 누수가 발생해 아랫집 천장에 곰팡이가 피었다. 그 책임은 고스란히 매수자의 몫으로 돌아왔다.

그러니 리모델링이 잘된 집이 저렴하게 나왔을 때는 아랫집에 찾아가 이렇게 물어보자.

"윗집에 이사 올 사람인데요. 혹시 윗집 리모델링 후 누수 같은 문제는 없나요? 있다면 집주인에게 수리해달라고 하려고요."

경험상 아랫집에서는 흔쾌히 이야기해준다. 시세보다 싸서 의심이 가는 경우가 아니라 해도 매수하고자 하는 집에는 미리 찾아가 세입자에게 이것저것 물어보는 것이 좋다.

"사는 데 불편한 점은 없으세요? 수리해야 할 곳은 없나요? 난방비는 얼마나 나와요?"

　대부분 솔직하고 구체적으로 이야기해준다. 나는 특히 아기를 안고 다니니 더 자세히 이야기를 들을 수 있었다. 집주인에게서는 결코 들을 수 없는 이야기다.

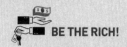

지방에 있는 5층 아파트는 아파트가 아니다

신규 분양 아파트는 가격이 매우 비싸기 때문에 소액 투자가 어렵다. 그래서 나는 연식이 있는 아파트를 좋아한다. 물론 저렴하기 때문이다. 저렴하기로 말하자면 비도시 지역에서 자주 볼 수 있는 5층짜리 아파트를 따라올 물건이 없다. 평단가가 100~200만 원이다. 또 1층은 1층이라 싸고 탑층은 탑층이라 싸고 4층도 계단 오르기 힘들다고 싸다. 2, 3층이 로열층이다. 2012년에 봤던 경북 칠곡의 성재아파트는 평당 100만 원꼴이었고, 2013년에 봤던 세종시 전의면의 제동아파트도 평당 200만 원이 채 안 됐다.

이토록 저렴해도 나는 4~5층짜리 아파트는 투자 대상에서 제외한다. 우선 아이를 키우는 주부 입장에서 거주하기가 너무 불편하기 때문이다. 그래서 다른 아파트의 전·월세 가격이 상승할 때도 제자리걸음이고 매매가도 거의 오르지 않는다. 매도도 쉽게 이뤄지지 않는다. 매매가가 지나치게 낮아 대출이 많이 나오지 않는다는 것도 단점이다. 그래서 나는 저층 아파트를 다세대주택과 동일하게 본다. 전세가가 낮고 주인이 거주하는 비율이 매우 낮아 세심하게 관리되지 않는다는 점도 비슷하다.

15
주목하라,
나 홀로 아파트

🏠 시골 아파트에는 누가 살까

1,000세대 이상의 대단지에 있는 집을 사야 한다는 것은 아파트 투자의 원칙으로 통용되고 있다. 부근에 편의시설이 밀집되어 있고 관리비가 적게 나오는 등 장점이 많기 때문이다. 하지만 나 홀로 아파트도 투자용으로 나쁘지 않다. 굳이 대단지만 고집할 필요는 없다.

　신도시나 택지개발지구가 아닌 이상 시골에는 나 홀로 아파트가 많다. 또 시골이라고 수요가 없는 것이 아니다. 저출산·고령화 시대라 아파트가격이 떨어진다고? 천만의 말씀이다. 출산율이 급격히 떨어지고는 있지만, 평균 기대수명이 연장되어 노년 인구가 늘기에 한국의 전체 인구에는 큰 변화가 없다.

흔히 생각하는 것과 달리 노인들이라 해서 아파트를 싫어하지는 않는다. 단독주택은 나이가 들수록 살기 불편하고 관리가 힘들다. 노쇠해갈수록 마당을 손보고 화단을 가꾸는 일도 힘에 부친다. 또 시골 주택은 세월이 가면서 단열 기능이 떨어지는 등 거주하기가 여러모로 불편하다. 이웃과 어울리는 것이 노인들의 큰 낙인데, 이웃집까지의 거리가 멀어서 체력적으로 힘들기도 하다.

평생 단독주택에서 산 노인들은 아파트 중에서도 너무 높은 층은 싫어하고 15층짜리 중 5층 정도의 높이를 좋아한다고 한다. 시골에 있는 나 홀로 아파트는 저층이라도 조망이나 채광이 좋기 때문에 굳이 높은 층을 고집할 이유도 없다. 그래서 시골의 오래된 나 홀로 아파트는 실거주자들의 선호도가 높다. 앞으로도 평단가가 저렴한 시골 아파트를 찾는 수요는 꾸준할 것으로 예상된다.

🏠 수도권보다 많은 개발 호재

수도권에 인구가 집중되고 집값이 폭등하면서 정부에서는 지방 균형 발전을 꾸준히 추진해왔다. 이런 이유에서 세종특별자치시가 탄생하여 지금도 정부기관들이 계속 이전하고 있다. 아마도 건국 이래 가장 큰 혜택을 본 지방 도시가 아닐까 싶다.

지방정부의 기관들도 도시에서 비도시로 이전하는 추세다. 대전에 있던 충남도청이 홍성으로 이전했고, 경북도청도 대구에서 안동으로 이전했다. 시골에 도청이 들어온다는 것은 대단한 사건이다. 공무원들이 옮겨가면서 주변 여건이 좋아진다. 대기업 본사 이전도 마찬가지다. 갑자기 없던 입지가 만들어진다. 공무원이나 엘리트들이 유입되면서 학군도 좋아진다.

공공기관 이전뿐만 아니라 기업도시, 혁신도시 등 다양한 정책으로 지방 개발이 활기를 띠고 있다. 요즘 시골에 가보면 넥타이 맨 젊은이들이 부쩍 늘었다. 산업단지가 조성되고 공장이 세워지면서 외부 인구가 많이 유입된 것이다.

아파트 투자에서 미래가치를 평가하는 가장 중요한 요소는 개발 호재다. 정확하게 말하면 인구 유입을 의미한다. 산업단지 근처의 아파트라면 나 홀로 아파트라도 적지 않은 수익을 낼 수 있다. 대규모 산업단지의 증설이나 착공이 확실시될 때 1~2년 먼저 들어가서 투자하는 것도 한 가지 방법이다.

다만, 시골의 나 홀로 아파트는 도시의 대단지 아파트만큼 거래량이 많지 않다는 점을 생각해야 한다. 도시의 1,000세대 단지라면 수십 개의 매매 또는 전·월세물건이 항상 있다. 하지만 시골의 나 홀로 아파트는 세대수가 절대적으로 적고 사고파는 사람도 적다. 그래서 'KB 아파트 시세(이 시세가 은행 담보대출의 기준이 된다)'에 늦게 반영되기도 하고 부정확하기도 하다.

내가 투자했던 아파트는 매매 거래가 거의 없고 아파트 게시판을 통한 직거래가 많았다. 그러다 보니 KB 아파트 시세에 정보가 아예 없었다. 나중에 안 사실이지만 KB 아파트 시세는 인근 협력 중개소를 통해 시세 정보를 입수하는데, 그 아파트는 허허벌판에 자리하고 있어서 근처에 중개소가 없었다. 나 홀로 아파트는 특성상 단지 내 상가가 활성화되지 않아 중개소가 없는 경우가 허다하다.

꼭 나 홀로 아파트가 아니어도 중개소를 찾을 수 없는 아파트가 종종 있다. 2012년 안동에 갔을 때는 정말이지 충격이었다. 수천 세대의 브랜드 아파트임에도 단지 내 상가에 문방구, 김밥집은 있어도 부동산중개소가 없었다. 주민들에게 물어보니 〈교차로〉 같은 지역정보지를 통해 거래한다고 했다. 단지 내 게시판에 광고해서 직거래하는 방식도 선호했다. 중개수수료를 아낄 수 있고 굳이 멀리 있는 중개소를 찾아가지 않아도 되어 편리하기 때문이란다.

따라서 작은 도시의 아파트나 나 홀로 아파트는 지역정보지부터 보고 나서(이것도 인터넷에서 볼 수 있으므로 굳이 종이 〈교차로〉를 찾아 헤매지 말자), 단지 내 게시판을 꼼꼼히 살펴보는 것이 좋다. 이장이나 관리사무소 소장에게 매물이 있는지 물어보는 것도 중요하다. 중개소는 그다음에 찾아가야 한다. 이런 지역의 중개소는 아파트보다 토지나 상가 매매를 주로 취급할 확률이 높다.

대출 가능 금액부터 확인하라

나 홀로 아파트 매매계약을 체결하고 나서 대출을 알아보는데 대출금액이 예상보다 턱
없이 낮았다. 아파트는 매매가의 70%까지 대출을 받을 수 있다는 점만 생각하고 미리
알아보지 않은 나의 불찰이었다. KB 부동산 시세에 등록되지 않은 경우는 대출업체가
자체적으로 감정가를 매기는데, 위험 부담을 안으면서까지 가격을 높게 평가해주지는
않는다.

나는 일반 대출상담사로부터는 대출이 불가하다는 이야기를 들었고, 지역 농협에서는
1,000만 원까지 가능하다는 답을 들었다. 결국 수소문 끝에 경매 낙찰대금 전문 대출상
담사로부터 조금 더 많은 대출을 받을 수 있었다.

그때의 일을 계기로, 이제는 계약하기 전에 아파트 이름과 동호수까지 정확하게 넣어
대출 가능 금액을 꼭 확답받는다. 신청자의 신용등급과 DTI 한도에 따라 같은 물건이라
도 대출금액이 달라지므로 반드시 미리 확인해야 한다.

DTI란?

'Debt To Income Ratio'의 약자로 총부채상환비율이라는 뜻이다. 즉, 총소득에서 부
채의 연간 원리금 상환액이 차지하는 비율을 말한다. 따라서 소득을 적게 신고한 자영
업자나 상환 능력은 있지만 소득이 없는 은퇴자에게는 불리하다.

금융기관에서 대출금액을 산정할 때, 가령 연소득이 3,000만 원이고 DTI가 40%라면
연간 원리금 상환액이 1,200만 원을 초과하지 않도록 대출금액을 제한하는 것이다.
DTI는 연소득에서 원리금 상환이 차지하는 비율이므로, 대출기간이 길수록 유리하다.
대출기간이 길수록 연간 부담액은 적어지기 때문이다.

이 제도는 2005년에 부동산시장 과열 방지를 목적으로 도입된 것이기에 지방은 적용되
지 않는다. 즉 서울과 수도권이 아니면 소득 수준과 관계없이 주택을 담보로 대출을 받
을 수 있다. 2014년부터는 은행권 담보 대출금액이 5,000만 원을 넘을 때 DTI는 60%
로 통일되었다. 그전에는 강남구·서초구·송파구는 50%, 인천·경기는 60%였다.

16
임대소득과 매매차익,
둘 다 잡아라

🏠 호환 마마보다 무서운 공실

매일 출근하지 않아도, 힘들게 일하지 않아도 집이 대신 돈을 벌어다
주는 수입 구조, 매달 꼬박꼬박 들어오는 월세를 받으며 돈에 얽매이
지 않는 여유로운 삶. 직업과 성별과 나이를 불문하고 요즘 사람들의
공통된 꿈이 아닐까. 나도 처음에는 전세 투자가 아닌 월세 투자를
목표로 투자를 시작했었다.

　갈수록 월세가 점점 많아지는 추세다. 전세는 과거 집값이 많이
오르고 덩달아 전세가도 높았기에 집주인이 자본이득을 볼 수 있어
서 가능한 제도였다. 하지만 금융위기 이후 몇 년간 수도권 경기가
침체되면서 전세 투자자가 점점 줄어들었다. 중개수수료, 수리비,

장기수선충당금을 들여가며 투자를 하는데도 수익을 낼 수 없기 때문이다. 그래서 투자한 금액에서 조금이라도 수익을 낼 수 있는 반전세나 월세 투자가 늘어났다.

월세 투자는 매달 어느 정도의 수익이 나기 때문에 집값이 전혀 오르지 않아도 손해가 없다는 장점이 있다. 금리가 낮은 요즘에는 월세 투자도 매력 있다. 월세 투자를 목적으로 아파트를 고를 때는, 첫 번째도 두 번째도 공실이 생기지 않는 곳을 선택해야 한다는 점을 명심해야 한다. 아무리 수익률이 높다 한들 한두 달만 공실이 생겨도 치명타를 입는다. 따라서 월세를 몇만 원 낮추더라도 공실이 없게 하는 것이 임대인 입장에서는 훨씬 유리하다.

간혹 임대물량이 쏟아져 일시적으로 임대료가 하락하는 경우가 있는데, 이때는 기존의 임대료를 고수할 것이 아니라 공실을 없애는 데 중점을 두어 빠르게 결정하는 것이 좋다. 월 임대료가 하락했다고 전세로 전환하는 경우 세입자가 들어오지 않으면 공실기간이 생기게 된다. 공실을 감수하고 전세를 받을 것이냐 월세를 낮추어 공실을 방지할 것이냐, 둘 중 하나를 선택해야 한다.

공실의 위험을 막으려면 매수할 때 임대물량이 얼마나 풀려 있는지 정확하게 확인해야 한다. 가장 좋은 것은 월세물건이 하나도 없는 아파트다. 나는 월세물건이 많은 단지나 빈집이어서 쉽게 들어가 볼 수 있는 아파트는 절대 사지 않는다. 나에게도 그런 일이 생기지 말라는 법은 없기에 주변에 월세물건이 쏟아져 나오진 않을지 늘 주의를 기울인다.

또 한 가지 중요한 것은 임차인의 월세 지불 능력이다. 공실도 아니고 사람이 살고 있는 집의 월세가 연체된다면 그것처럼 피곤한 일이 또 있을까? 그래서 나는 살기 좋은 동네의 20평대 아파트를 고수한다. 이런 아파트는 직장이 탄탄한 사람들, 특히 신혼부부의 수요가 많다. 세입자가 신혼부부면 집주인으로서 편한 점이 많다(신혼부부를 세입자로 공략하는 법은 뒤에서 소개하겠다). 반면, 형편이 너무 어려운 분들이 모여 살거나 일용직 인부들이 주로 거주하는 아파트에는 투자하지 않는다. 월세가 연체될 확률이 높기 때문이다. 환경이 좋은 편이 아니어서 실거주자의 매수세도 약하고, 그런 이유로 전세가 또한 낮다.

아파트 주변 환경미화 수준이나 오가면서 만나는 사람들의 차림새, 주차장에 늘어선 자동차들을 보면 어느 정도 느낌이 온다. 투자할 아파트 거주자들의 소득 수준과 자금력, 월세 지불 능력을 늘 고려해야 한다. 중개소 소장님에게 물어보면 대개는 귀띔해주고, 세입자에게 지나가는 말처럼 가볍게 물어봐도 대부분 대답해준다.

월세 투자에 가장 좋은 아파트는 산업단지 가까이에 있어서 기숙사처럼 쓰이는 곳이다. 회사가 월세를 지불하므로 밀리는 법이 없고, 회사가 없어지지 않는 한 계속 재계약을 하게 된다. 중개수수료와 수리비가 전혀 들지 않으면서 매달 정해진 날짜에 어김없이 월세가 들어오니 그보다 좋을 수가 없다.

집이 깨끗하게 유지된다는 것도 장점이다. 우리 임차인들은 평일에는 와이셔츠에 넥타이를 매고 출근해 회사에서 식사를 모두 해결하고, 퇴근해서는 휴식만 취한다. 주말에는 가족에게 돌아가기 때문에 밥을 해 먹을 일이 없고 잠만 자는 용도라 집이 깨끗하다. 짐도 이불과 옷가지 등 단출해서 매매 시에도 쉽게 비밀번호를 알려주며 집을 오픈해준다.

덕분에 월세 투자에서 단 하루도 연체되거나 공실이 난 적이 없다. 나는 아이를 키워야 하는 주부이기 때문에 부동산에만 에너지를 집중할 수가 없다. 그래서 투자하기 전에 최대한 신경을 써서 분석·판단하고, 투자 후에는 발 뻗고 쉬는 투자 패턴을 이어가고 있다.

🏠 월세수익보다 큰 매매차익

월세수익률도 중요하지만, 내가 주로 투자하는 대상은 저평가되어 있어 향후 매매가 상승을 기대할 수 있는 아파트다. 대출이자 이상의 월세를 받으면서 시세 상승까지 기대할 수 있으면 그야말로 금상첨화다. 그러나 대부분은 월세수익률이 높으면 매매가는 오르기 힘들다. 월세가 많은 지역일수록 실거주를 위해 매수하려는 세가 적다. 같은 월세가를 놓고 보더라도 수익률이 서울은 낮고 지방은 높은데, 서울은 매매가가 높게 형성되어 있고 지방은 매매가가 낮게 형성되어 있기 때문이다.

월세 투자를 하면서 매매차익까지 노리는 이유는 간단하다. 임대소득이 한 달에 50만 원일 때 1년이면 600만 원에 불과하지만, 집값은 오르기 시작하면 1,000만 원 단위로 상승하기 때문이다. 이것이 매매차익을 포기할 수 없는 중요한 이유다.

월세가 나오는 부동산을 여러 채 보유하는 것이 목표여서도 안 된다. 더욱이 공실이 생기는 물건은 하나라도 가지고 있으면 안 된다. 워런 버핏은 "10년을 보유하지 않을 주식은 10분도 보유하지 말라"고 했다. 10년까지는 아니어도 최소한 내가 보유하는 기간에는 공실이 생겨서는 안 된다. 만약 공실이 생긴다면 월세 투자에 더는 연연하지 말고 재빨리 팔고 나와야 한다.

그래서 내가 투자하는 아파트 거주자들의 자금력이 중요한 것이다. 언젠가 3억 원에 육박하는 전세가를 자랑하는 59㎡형 아파트를 보러 간 적이 있다. 그때 중개소 소장님에게 살짝 물어봤다.

"여기 세입자들은 대출을 보통 얼마나 받나요?"

소장님은 사람마다 달라서 정확히 알 순 없지만 대출을 안 받는 집이 더러 있는데, 이들은 부모님이 해준 경우라고 알려주었다. 내가 질문을 한 목적은 앞으로 전세금이 얼마나 상승할 수 있는지를 확인하기 위해서였다. 3억 원이라는 자금을 순수하게 가지고 있는 세입자가 많은지 적은지를 꼭 확인해야 했다. 전세자금대출액이 높을수록 매매가 원활하지 않을 확률이 높기 때문이다. 예를 들어 5억 원의 50% 대출은 2억 5,000만 원이지만, 3억 원의 50%는 1억 5,000만 원이다. 같은 50%라고 해도 1억 원의 차이가 난다.

내가 하고 싶은 이야기는 간단하다. 경기가 좋지 않을 때, 고가의 수도권 중·대형 아파트들은 아무리 금리가 낮아져도 가격이 바닥으로 곤두박질했다. 소득 수준과 저축 수준으로 더는 따라갈 수 없는 금액이었기 때문이다. 단지마다 약간의 차이는 있었지만, 대형 평형의 경우 대부분이 그랬다. 반면 아무도 거들떠보지 않던 지방의 몇천만 원짜리 나 홀로 아파트는 몇 년 사이에 가격이 2배씩 뛴 곳이 많았다.

아무리 서울이라 해도, 또 매매가와 전세가의 격차가 사상 최저라 해도, 현재 전세를 살고 있는 사람들이 감당할 수 있는 금액이 아니라면 어떤 일이 벌어질까? 전세자금대출을 더는 받기 힘든 상황이라면? 예를 들어 매매 4억, 전세 3억 5,000만 원짜리 아파트가 2년 후 매매 4억 5,000, 전세 4억 원으로 오른다고 해보자. 전세자금대출은 수도권에서는 전세가가 4억 원 이하일 때 받을 수 있고, 50%인 최대 2억 원까지만 가능하다. 그런데 이미 그 2억 원을 모두 대출받은 세입자들이 많은 단지라면?

보증금을 더는 증액해줄 수 없는 상황이므로 전세금 상승이 더뎌질 것이다. 세입자들이 돈을 마련하지 못해 다른 지역으로 옮겨갈 수도 있다. 실제로 최근 몇 년간 서울에서 경기도로 빠져나가는 인구가 계속 늘고 있다.

매매가와 전세가가 5,000만 원밖에 차이 나지 않는다고 해도 매수할 가능성은 희박하다. 2년 전에도 사지 않고 전세로 버텼는데 5,000만 원이 오른 후 덥석 아파트를 살까? 물론 집이 귀해지면 팔리는 집은 팔린다. 하지만 그동안 안 팔리던 집은 당연하게도 오른 가격에는 더더욱 안 팔린다. 비로열·비선호 단지에서 이런 특징이 뚜렷이 나타난다. 실제로, 내가 보고 있는 수도권의 한 역세권 아파트는 반년째

1층과 탑층의 거래가 이뤄지지 않고 있다. 세입자가 들어 있는 집이라면 매도를 포기하고 다시 2년 후를 기약하는 수밖에 없다. 흐름이 좋은 지역이라고 해서 모든 아파트가 잘 팔리는 것은 아니라는 얘기다.

지방의 저소득층 아파트는 아무리 전세가 귀해도 전세가가 더디게 상승한다. 이유는 간단하다. 전세금을 올려줄 목돈이 없기 때문이다. 대신 월세가 잘 나가는 장점이 있다. 지방에는 지금 전세가보다 매매가가 낮아진 곳도 있다. 한 군데는 넘치는 입주물량으로 공실이 많이 발생한 지역이고, 한 군데는 1년 후 입주물량이 넘칠 예정이라 미리 팔려는 투자자들이 많은 지역이다. 그래서 나는 전세든 월세든 주변에 물량이 쏟아져 나오지 않을지 늘 예의주시한다. 이제는 세입자들도 입주물량이 늘어나면 전세가가 하락한다는 사실을 모두 알고 있다. 또한 전세가가 상승하면 전세자금대출로 해결하려 하지 매매를 하려고 마음먹는 사람은 많지 않다.

요즘은 투자자들이 몰리는 일부 지역과 입주물량이 매우 적은 지역을 제외하고는 대한민국 전체적으로 매매가 잘 되지 않는다. LH에서 전세자금대출을 해주기 때문이다. 예전에는 전세가가 수천만 원씩 상승하면 그 돈을 마련할 길이 없어 주택담보대출을 받아 집을 샀다. 하지만 요즘은 수천만 원이 아니라 1억 원이 뛰더라도 전세자금대출을 받으면 된다.

아파트는 살 때부터 팔 때를 생각해야 하고, 내가 투자하려는 아파트가 좋은 가격에 잘 팔릴 수 있을지 여러 가지를 참고해서 검토해야 한다.

BE THE RICH!

월세를 수입으로 생각하지 말자

직장생활을 하면서 부업으로 투자하는 경우라면, 월세수입이 없어도 살 수 있다. 그러니 월세로 들어오는 돈에는 손대지 말자. 월세가 나온다고 헤프게 쓰기 시작하면 돈이 금세 흔적도 없이 사라지고 만다.

집값이 올랐다 한들 팔기 전에는 내 손에 쥐여지는 돈이 없다. 하지만 월세는 꼬박꼬박 들어오니 쓰기도 쉽다. 월세 투자의 함정이 이것이다. 자산은 늘지 않고 소비만 는다. 월세가 나오더라도 알뜰한 소비습관을 유지하는 것이 진짜 재테크다.

대출은 이자를 감당할 수 있는 만큼만

내가 아는 한 임대사업자는 하루아침에 집이 경매에 넘어가는 상황에 처했다. 소유한 부동산의 가격이 하락해서일까? 아니다. 월세가 밀리자 대출이자를 낼 수 없었기 때문이다. 그 임대사업자의 수입은 오로지 월세뿐이었다.

나는 항상 내 세입자가 사정이 생겨 월세를 내지 못할 최악의 상황을 생각한다. 그걸 생각하면 대출을 받아 월세 투자를 많이 할 수가 없다.

월세가 500만 원씩 들어오는데 대출이자는 월 300만 원씩 나갈 만큼 많은 대출을 받았다고 가정하자. 그런데 IMF나 금융위기 같은 상황이 닥쳐 세입자들이 월세를 내지 못한다면, 월 300만 원의 대출이자를 내가 감당해야 한다. 그걸 내지 못하면 집이 경매에 넘어간다. 그러니 월세가 전혀 들어오지 않는다고 가정하고 내가 매월 부담할 수 있는 수준의 대출만 일으켜야 한다.

부동산을 보는 눈이 생겼다고 자만해서 과한 대출을 일으키는 것은 금물이다. 대출이자는 월세를 제외한 내 수입 가운데서 감당할 수 있는 금액이어야 한다. 그러면 월세가 몇 달 밀리더라도 경제적으로 큰 문제가 없을 것이다.

17

저평가된 곳을
찾아라

🏠 더 떨어질 수 없는 가격대

대한민국 국민 모두가 좋은 아파트, 새 아파트에 살아야 하는 것은
아니다. 자신의 소득 수준과 상황에 맞는 집에 골라 살면 그것으로
족하다. 새 아파트를 분양받을 여력이 있는 사람이 있는가 하면, 오
래됐지만 저렴한 아파트에 거주하고자 하는 사람도 있을 것이다. 그
리고 소액 투자자라면 대개 입주물량이 귀한 곳을 선호하므로 오래
된 아파트에 투자하게 될 확률이 높다.

나는 신규 아파트 공급 시세보다 50%까지 저렴한 20평대 아파트
를 보면 무조건 수익률 분석을 해본다. 거기서 가능성이 보이면 임대
물건 개수를 확인한 후 바로 매수한다. 자재비, 인건비 등 건축비는

물가가 상승하는 만큼 상승하기 마련이다. 따라서 아무리 비싸다고 아우성친들 분양가가 떨어지기는 힘들다. 그런 신규 분양 아파트의 절반 가격이라면 가격 하락의 여지보다는 상승의 여지가 더 많다고 볼 수 있다. 주변에 새 아파트가 없다면, 초등학교가 가깝고 지하철역도 있고 살기가 편하다면, 20년 된 아파트라도 선호한다.

다만, 신도시가 생기거나 택지개발이 되어 아파트들이 들어서면 이야기는 달라진다. 그래서 주변에 입주물량이 나오지는 않는지 늘 확인해야 한다. 가장 불안한 투자는 노후 아파트와 신규 아파트의 가격이 몇천만 원밖에 차이가 나지 않는 경우다. 이때는 신규 아파트의 분양권에 급속하게 프리미엄이 붙고 노후 아파트의 거래가 침체되는 현상이 일어난다.

주변에 새 아파트가 들어서면, 사람들 심리가 헌 집을 팔고 새 집에 입주하고 싶어 하는 쪽으로 기운다. 지금 살고 있는 집을 팔고 더 보태서 새 아파트를 살까? 새 아파트에 전세로 한번 살아볼까? 그러다가 아파트가 형태를 갖춰가면, 그때는 이미 헌 아파트에서 마음이 떠난다.

나는 30대가 매수할 만한 저렴한 아파트 위주로 투자하기에 재건축 여부에는 관심을 두지 않는다. 땅값이 비싼 서울 재건축도 어려운 판국에 주변에 빈 땅이 널려 있는 비도시 지역에서 재건축을 바라보고 노후화된 아파트에 투자하는 건 위험하다. 전·월세 가격이 얼마에 형성되어 있는가가 중요하지 대지 지분에는 전혀 관심이 없다. 대지 지분에 관심이 있다면 빌라와 저층 아파트에 투자하는 것이 훨씬 현명할 것이다. 나는 로또를 사는 것처럼 가능성이 희박한 일을 두고 대박을 기대하기보다는 조금 벌더라도 안전한 투자에만 관심을 둔다(철저히 공부하고 나서 재건축·재개발 아파트에 투자해볼 생각은 있다).

저평가되어 더는 가격이 떨어지려야 떨어질 수 없는 물건은 안전하다. 경험상 이런 아파트는 매수세도 꾸준하고 정말로 가격이 떨어지지 않는다. 다른 투자자들도 비슷하게 생각하기 때문이다.

🏠 논밭 가운데 아파트라도 교통이 좋다면

2012년이었다. 천안과 아산 지역을 돌며 20평대 계단식 아파트를 목표로 투자물건을 물색하다가 아산시 좌부동의 설화초원아파트를 발견했다. 계단식에 23평이었는데 매매가 7,300만 원, 전세가가 4,000만 원, 대출은 3,000만 원이 들어 있었다. 300만 원만 있으면 살 수 있었다. 게다가 천안의 절반도 되지 않는 가격이었다. 가까운 천안시 쌍용동은 같은 평수가 1억 6,000만 원대였다.

1,500세대 대단지라 단지 내에 편의시설은 잘 갖추어져 있었는데, 주변이 논밭이었다. 그러나 천안시 쌍용동과는 자동차로 10분 거리이고, 천안과 이어지는 도로는 신호등 없이 고속도로처럼 뻥 뚫려 있었다. 행정구역상 아산이지만 천안까지 길이 막히지 않아 천안권 생활을 할 수 있는 곳이기에 나쁘지 않다고 생각했다. 저평가되어 있어

더는 하락할 이유를 찾을 수 없었고, 큰 폭은 아니어도 오를 가능성이 컸다. 투자를 결심하고 계약을 했다.

결과는 성공이었다. 세입자가 만기 2년을 채우기 전에 사정이 생겨 이사를 가면서 다음 세입자에게는 보증금을 1,000만 원 올려 받아 투자금 전액을 회수했다.

이후 1,700만 원이 올라 매매가가 9,000만 원이 되었을 때 매도했다. 천안에 입주물량이 쏟아질 예정이라 그 전에 팔고 나왔는데, 투자금 300만으로 1,000만 원 이상의 수익을 냈다(대출이자 약 300만 원). 돈이 없어서 투자를 못 할 뻔한 상황이었는데, 워낙 저평가되어 있고 교통이 좋아 투자하지 않을 수 없는 아파트였다.

🏠 전세가가 급격히 올라 매매가에 근접한 아파트

투자금이 많이 들지 않는 것이 가장 좋은 경우다. 다만 전세가가 급격히 오를 때는 매매도 원활하기 때문에 매물을 찾기가 쉽지 않다. 이때는 투자자들이 진입하지 않았거나 잘 알려지지 않은 단지 위주로 접근하면 좋다.

매매가가 얼마나 오를지 예측하는 것은 신의 영역이다. 그러나 전세가가 얼마나 오를지 예측하는 일은 그리 어렵지 않다. 국토교통부 실거래가를 관찰하여 과거에 2년마다 얼마씩 올랐는지를 보면 쉽게 예상할 수 있다. 만약 주변에 신규 입주물량이 없다면 과거의 전세

상승폭보다 더 가파르게 오를 가능성이 크다. 예를 들어 현재 매매가와 전세가의 차이가 2,000만 원인 아파트가 있는데, 과거 2년마다 2,000만 원씩 올랐다면? 과거에는 입주물량이 약간 있었지만 향후 2년간은 전혀 계획이 없다면? 매수를 망설일 이유가 없다.

🏠 학군이 좋은 곳이 상승폭도 크다

큰아이가 어느새 초등학교 2학년이 되었다. 2년 전 아이가 일곱 살 때, 초등학교가 가까운 곳으로 이사할 맘을 먹고 초등학교뿐만 아니라 중학교도 함께 봤다. 아이가 학교생활을 하기에 위험하지는 않은지, 좋은 학원이 있는지도 예비 학부모로서 자연스럽게 관심이 갔다.

주식에도 대장주가 있듯이 아파트에도 대장주가 있다. 가격이 상승할 때는 사람들이 선호하는 곳이 가장 크게 오른다. 그 가운데서도 초등학교, 중학교 학군 좋은 곳이 최고다. 아이를 키우는 엄마의 마음으로 봤을 때, 학군은 돈으로 바꿀 수 없는 중요한 요소다. 엄마들 마음은 다 같으니 크게 오를 아파트를 사고 싶다면 반드시 학군을 고려해야 한다.

실제로 모의 투자 결과 학군 좋은 새 아파트는 소액 투자가 영원히 불가능할 정도로 정말 무섭게 올랐다.

🏠 싼 아파트를 사서 예쁘게 예쁘게

지방에는 지금도 1억 원대 아파트가 적지 않다. 초기 자본이 적게 들면서 가격 하락 가능성이 적어 리스크가 낮고, 금액이 가벼우니 급하게 팔 일이 생겼을 때는 가격을 조금만 낮춰도 금세 매매가 된다. 그런데 굳이 가격을 낮추지 않아도 쉽게 파는 방법이 있다.

집을 보러 다니다 보면 아무래도 수리가 잘된 집에 눈길이 더 가고 마음이 끌린다. 도배, 장판, 페인트, 조명 등 기본적인 것만 깔끔하게 수리해놓아도 집이 훨씬 좋아 보인다. 그런데 이 정도로 수리해놓은 집은 많기에 크게 눈에 띄는 강점까지는 되지 못한다. 다른 집들과 똑같은 수준으로 수리를 해서는 임대를 놓거나 매매를 할 때 큰 메리트가 없다. 그래서 기본적인 수리에 더해 한 가지를 생각한 것이 샹들리에였다. 가격도 저렴해서 3~5만 원대면 충분히 예쁜 샹들리에를 살 수 있다. 그걸 주방 천장에 달아놓으면, 식탁 등 하나 바꿨을 뿐인데도 집 안 분위기가 확 달라진다. 반짝이는 샹들리에 조명을 좋아하는 사람은 대부분 여자이고, 집은 여자의 마음에 들어야 계약이 성사된다.

하지만 샹들리에는 요즘 와서는 뒤처진 유행이 되었다. 2015년부터는 '북유럽 스타일'로 불리는 모던한 LED 전등이 유행이다. 중국이 LED 기판을 개발해내면서 LED 전등 단가가 많이 낮아진 것도 한몫했다. 국민현관등, 레일등, 뿔등처럼 둥글고 큰 전구를 여러 개 활용한 디자인이 인기다. 이런 포인트 전등만 잘 활용해도 적은 돈으로 세입자의 마음을 사로잡을 수 있다.

집을 지저분하게 쓸 사람들은 애초에 예쁜 전등을 보고 집을 택하진 않을 것이라는 생각도 있었다. 과연 예상했던 대로 우리 집은 아기가 없는 신혼부부 위주로 세입자를 받을 수 있었다.

"집이 어쩌면 이렇게 예뻐요?"

다른 것은 평범한데 조명 하나 잘 갖춰둔 덕에 이런 이야기를 많이 들었다. 화장실은 공사비가 많이 들고 내가 직접 수리하자니 그것도 쉽지 않아 웬만하면 손대지 않았다. 그런데도 집을 본 사람들은 다들 마음에 들어했다. 초기에 수리를 잘해놓고 신혼부부를 세입자로 들인 덕분에 만기 시에 재계약을 할 때도 집이 예뻐서 수월했고, 매매를 할 때도 비교적 쉽게 성사됐다. 조명 한 가지로 세입자를 선별하는 나만의 기술이 생긴 셈이다.

대전 원내동 진잠타운에서 9,700만 원에 아파트를 매수해서 7,000만 원에 전세를 주었던 적이 있다. 그런데 예정돼 있던 신세계 첼시아울렛 착공이 늦어지면서 임대수요가 전혀 일어나지 않았다. 그 영향으로 매매가와 전세가 모두 2년간 제자리걸음을 했다.

전세 투자는 전세가 상승과 매매차익을 예상하고 접근하는 것이기에 2년간 기회비용만 날린 셈이다. 그래서 대출을 받아 기존 임차인에게 전세보증금을 돌려주고 월세를 놓기로 했다. 월세라도 매달 조금씩 받는 쪽으로 전략을 바꾸는 편이 나았기 때문이다.

이윽고 전세 만기가 되어 세입자에게 월세로 살 것인지 이사를 할 것인지 물었다. 세입자는 이렇게 답했다.

"전세 구하기가 마땅치 않으니 저희가 월세로 살게요. 대신 보증금을 좀 높게 해주시겠어요?"

나로서는 '이게 웬 떡이냐' 싶은 응답이었다. 매매차익을 원하는 투자자 입장에서는 보증금이 높으면 높을수록 투자금이 줄어들어 좋다. 반대로 임대 수익을 원하는 투자자라면 보증금이 낮고 월세가 높아야 유리하다.

선순위대출 3,500만 원을 받고, 보증금 4,000만 원에 월세 20만 원으로 계약했다. 전세를 놓았을 때보다 500만 원 많은 자금이 생겼고, 대출이자 10만 원을 제하고도 10만 원이 또 남았다. 대출과 월세를 받음으로써 오히려 투자금이 줄고 월수익이 늘어나는 결과가 발생한 것이다. 또한 대출과 보증금의 합이 7,500만 원이니 집값에 비해 상당히 높은 비율이었다. 이것이 가능했던 이유는 우리 집이 그만큼 깨끗하고 예뻤기 때문이다. 훗날 매도할 때도 이 집은 30분 만에 거래가 성사되었다.

◪ 비슷한 자금일 때 전세와 월세 (단위: 만 원)

전세		월세	
매수가격	9,700	매수가격	9,700
전세	7,000	대출	3,500
		월 대출이자	10
		보증금	4,000
		월세	20
투자금	2,700	투자금	2,200
월수익	0	월수익	10

잔금일과 전세 맞추기 노하우

전세보증금을 받아 아파트 잔금을 치르는 소액 투자자는 매매 잔금과 전세 잔금 치르는 날을 맞추는 것이 매우 중요하다. 그래서 매매계약을 한 즉시 임대차계약을 성사시켜야 한다.

그런데 몇 달 후 매도자에게 잔금을 치를 시점에 임대아파트나 신규 분양 아파트 매물이 쏟아질 예정이라면? 아무리 투자가치가 높아도 이때는 한 박자 쉬어야 한다. 인구가 유입되는 지역인지 빠져나가는 지역인지, 투자 시점이 비수기인지 성수기인지 등 여러 가지를 자세히 따져봐야 한다. 잔금 치를 때가 되었는데 전세가 나가지 않는다면 이보다 난감한 일도 없다.

전세를 맞춰줄 수 있다고 장담하는 중개소의 말도 절대로 믿어서는 안 된다. 막상 투자한 아파트의 잔금 치르는 날이 되었는데, 전세가가 하락하거나 세입자가 들어오지 않아 애먹는 경우를 여럿 봤다. 그런 상황이 예견되거든 부동산중개소에 이렇게 얘기하라.

"소액 투자자라 자본이 없어서 그러는데요. 잔금일에 딱 맞춰서 세입자를 구하지 못할 때 소장님이 돈을 좀 빌려주시겠어요?"

전세를 맞출 자신이 없다면 망설일 것이다. 하지만 전세가 귀하고 찾는 사람이 있다면 자신 있게 그러마고 할 것이다. 이럴 때는 어느 정도 믿고 일을 진행해도 좋다. 우리에게는 잔금을 치를 때 중개수수료를 지불한다는 무기가 있기 때문이다(지역에 따라 계약 시 중개수수료를 지불하는 곳도 있지만).

선순위대출이란

담보물건을 대상으로 맨 처음 대출을 해주는 것을 의미한다. 즉 선순위로 대출을 받는다는 것은 차후 그 물건이 경매로 넘어간다거나 매매가 이루어질 때 가장 먼저 돈을 받을 수 있는 권리를 갖게 된다는 뜻이다.

선순위대출 다음에 추가로 이루어지는 대출이 후순위대출인데, 경매나 매매로 거래가 이루어졌을 경우 선순위대출자가 회수하고 남은 돈을 갖게 된다.

CHAPTER 4

아파트, 언제 사고
언제 팔까

18
목표 수익률을
정하라

🏠 계산기가 필요 없는 수익률 분석표

지금까지 어떤 아파트를 사야 하는지 알아봤으니 이제 아파트를 매수하는 시점과 매도하는 시점에 대해 알아볼 차례다. 그런데 투자를 하기 전에 반드시 해야 할 일이 하나 있다. 얼마 동안이나 투자할지, 가격이 어느 정도가 될 때 매도할지를 정하는 일이다.

투자기간을 '오를 때까지'라고 막연히 생각하거나 매도금액을 '1억 원이 오르면'이라고 장밋빛 꿈을 꾸듯 정하는 것은 위험하다. 합리적인 근거가 있어야 한다.

나는 월세 투자와 전세 투자를 병행하고 있지만 모든 물건마다 매도를 목표하는 시기가 있고 기대수익이 있다. 일테면 월세의 경우 투자 기간은 4년 이상을 계획하고, 수익률은 최소한 연 10% 이상을 목표로 한다.

그런데 대출 규모와 이율이 수시로 변하는 데다 투자물건마다 가격이 다르므로 일일이 수익률을 계산하기가 번거롭다. 그래서 아예 수익률 분석표를 엑셀시트로 만들었다(내가 운영하는 네이버 블로그 '복부인의 선한 부자 프로젝트'에서 내려받을 수 있다). 프린트해서 들고 다니며 보니 일일이 계산을 하지 않아도 되어 무척 편리했다. 중개소 사람들이 뭘 그렇게 열심히 들여다보느냐고 궁금해했는데, 그들에게도 절대 가르쳐주지 않았던 수익률 분석표를 지금부터 공개한다(전체 표는 부록에 있다).

다음 페이지에 제시한 것은 대출 규모가 매매가의 70%, 대출이자율이 3%일 때를 기준으로 해서 작성한 수익률 분석표다.

표를 보자. 9,800만 원짜리 집을 샀을 때 월세를 놓을 경우 보증금 1,000만 원에 월세 40만 원은 되어야 한다. 수리비를 200만 원으로 잡고 있다면 매매가에 200만 원을 더해 표에서 10,000만 원 부분을 보면 된다. 이때는 보증금 1,000만 원에 월세 45만 원은 되어야 한다.

따라서 1억 원짜리 아파트 월세가 500에 40만 원밖에 나오지 않는다면 매수하면 안 된다(각자의 기준이 다르니 스스로 판단할 필요가 있다). 매매차익을 노린다 해도 무조건 집값이 오르기를 바라고 접근하는 것밖에 안 된다. 나는 이런 표를 만들어 명확한 기준을 만든 후에 레이더망에 잡히는 아파트를 월세 투자용으로 매수했다.

매매가	대출	세금	투자금	전세금	보증금	월세	이자	실투자	연수입	수익률
8,000	5,600	400	2,800	5,600	500	35	168	2,300	252	11.0
8,100	5,670	405	2,835	5,670	500	35	170	2,335	249.9	10.7
8,200	5,740	410	2,870	5,740	500	35	172	2,370	247.8	10.5
8,300	5,810	415	2,905	5,810	500	35	174	2,405	245.7	10.2
8,400	5,880	420	2,940	5,880	500	35	176	2,440	243.6	10.0
8,500	5,950	425	2,975	5,950	500	40	179	2,475	301.5	12.2
8,600	6,020	430	3,010	6,020	500	40	181	2,510	299.4	11.9
8,700	6,090	435	3,045	6,090	500	40	183	2,545	297.3	11.7
8,800	6,160	440	3,080	6,160	500	40	185	2,580	295.2	11.4
8,900	6,230	445	3,115	6,230	500	40	187	2,615	293.1	11.2
9,000	6,300	450	3,150	6,300	500	40	189	2,650	291	11.0
9,100	6,370	455	3,185	6,370	500	40	191	2,685	288.9	10.8
9,200	6,440	460	3,220	6,440	1,000	40	193	2,220	286.8	12.9
9,300	6,510	465	3,255	6,510	1,000	40	195	2,255	284.7	12.6
9,400	6,580	470	3,290	6,580	1,000	40	197	2,290	282.6	12.3
9,500	6,650	475	3,325	6,650	1,000	40	200	2,325	280.5	12.1
9,600	6,720	480	3,360	6,720	1,000	40	202	2,360	278.4	11.8
9,700	6,790	485	3,395	6,790	1,000	40	204	2,395	276.3	11.5
9,800	6,860	490	3,430	6,860	1,000	40	206	2,430	274.2	11.3
9,900	6,930	495	3,465	6,930	1,000	40	208	2,465	272.1	11.0
10,000	7,000	500	3,500	7,000	1,000	40	210	2,500	270	10.8

　　2013년, 세종시에서 6,000만 원대의 26평 복도식 아파트를 발견했는데 월세가 500에 40만 원이었다. 표를 보면 월세 500에 40에 해당하는 아파트의 적정 매매가는 (최소) 8,500만 원이다. 그런데 6,000만 원대에 매물이 나오고 있었다. 월세를 받으며 기다린다면 2,000만 원 정도는 충분히 오를 것 같았다. 그래서 매물이 나오는 족족 매수했다. 당시 셋째를 출산한 나는 한 달 된 아이를 안고 집을 보러 다녔다. 이렇게 어린 아기는 처음 본다며 다들 놀라워하던 기억이 난다.

🏠 월세수익과 매매차익 모두 실현

이 아파트를 사들인 이유는, 가격이 저렴하다는 점 외에 주변에 산업단지가 커지고 있어 인구 유입이 많았기 때문이다. 신규 물량이 전혀 없는 동네라는 이유도 있었다.

투자한 지 1년이 조금 넘자 내가 산 아파트들은 매매가가 8,000만 원대로 올랐다. 매달 월세수익을 거뒀을 뿐 아니라 적지 않은 매매차익까지 얻은 것이다. 가격이 계속 상승해 2015년 가을 8,800만 원에 1채를 매도하고, 2016년 6월에는 9,500만 원에 한 채를 더 매도했다. 아직까지 보유하고 있는 아파트도 있다. 월세가 5만 원만 더 올라도 매매가가 1억 500만 원 이상으로 오를 수 있건만, 산업단지 인근에 원룸들이 많이 지어져 월세가 미동도 없는 것이 아쉽다. 그러나 역으로 생각하면 원룸·투룸이 들어섰음에도 미동이 없다는 것은 큰 장점이다. 26평, 방 3개짜리 넓은 아파트이기에 신축 원룸·투룸의 물량 공세에도 임대가가 하락하지 않은 것이다.

이 아파트에 투자한 이유를 정리하면 다음과 같다.

- 평단가가 주변 신규 아파트 시세의 50% 이하
- 수익률 분석표를 봤을 때 월세수익에 비해 저평가되었음
- 앞으로 공급이 어려운 방 3개짜리 26평 아파트라는 희소가치

적정한 임대 수익이 나오면서 미래가치가 있는 물건을 고를 때 이

수익률 엑셀시트를 기준으로 삼기 바란다. 내가 만들었지만 정말 좋다. 나는 공대 출신이라 그런지 논리적이고 과학적인 투자를 좋아한다. 확실한 이유가 눈에 보여야 움직인다.

표를 자세히 보면 전세보증금이 매매가의 70%로 설정되어 있다. 월세수익도 중요하지만 전세가율도 중요한데, 전세가가 낮으면 월세 대신 전세자금대출을 받아 전세로 거주하려는 비율이 높아지기 때문이다. 이는 월세가 하락을 부추긴다.

전세가는 될 수 있으면 매매가와 비슷한 수준으로 높아야 한다. 그래야 높은 전세금을 감당하지 못하고 매매로 전환하는 수요가 생길 가능성이 있다. 이런 이유로 나는 전세가율이 90% 이하인 아파트에는 투자하지 않는다. 미리 명확한 기준을 정해놓고 투자해야 한다. 그래야 리스크를 최소화할 수 있다.

/19

대출의 마법을
일으켜라

🏠 오히려 빚이 없는 것을 두려워하라

나는 내가 보유한 아파트의 수익률을 수시로 계산하고, 이에 따라 매도 시점을 판단한다. 수익률을 계산하는 데에는 대출 부분이 반드시 포함된다. 따라서 대출에 대해 정확히 이해하고 있어야 매도 시점을 제대로 잡을 수 있다.

대출을 잘 이용하는 것은 훌륭한 능력이다. 이 능력이 있어야 돈이 없어도 투자를 할 수 있다. 우리 같은 서민들이 비교적 소액으로 투자를 할 수 있는 것은 바로 대출이 있기 때문 아닌가. 그런데도 많은 사람이 대출을 두려워한다.

두려워해야 할 것은 오히려 대출이 전혀 없는 것이다. 알다시피

대기업, 중소기업, 공기업, 정부, 심지어 은행마저 자기자본 비율이 매우 낮다. 자본가들은 빚을 잘 이용한다. 자본주의 시스템 자체가 대출로 돌아가고 있다는 것을 인지해야 한다. 내가 은행에 1억 원을 예금하면, 은행은 그 돈을 기업이나 다른 사람에게 빌려주고 나에게 주는 예금이자보다 많은 대출이자를 받는다. 대출을 받은 기업은 투자를 해서 이 사회에 돈이 돌게 한다. 대출은 돈을 만들어낸다. 이를 이해한다면 대출이 더는 두렵지 않을 것이다.

나도 처음에는 대출을 두려워했다. 빚지고 살면 안 된다고 생각했고, 내가 대출을 받게 될 줄도 몰랐다. 투자를 할 때도 처음에는 대출 없이 종잣돈만 가지고 했다. 그렇게 투자금 2,500만 원으로 3년 만에 2,000만 원을 벌고 신이 났는데, 곰곰 생각해보니 이런 식으로는 1년에 1채밖에 투자를 못 할 것이 뻔했다. 투자금 2,000만 원은 1년 동안 안 먹고 안 입고 꼬박꼬박 저축해도 모을까 말까 한 금액인데 어느 세월에 투자를 한단 말인가.

게다가 사고 싶어 봐두었던 집이 몇 달 만에 1,000만 원 이상씩 뛰는 것을 수없이 경험했다. 1년 동안 열심히 모아도 그때는 이미 가격이 올라 그 집을 살 수가 없다. 대출이 아니면 투자를 할 수가 없었다. 다만, 오른다는 확신이 있어야 했다. 얼마나 오를지에 대한 확신이 없다면, 더는 떨어질 데가 없어 손해는 보지 않을 것이라는 확신이라도 있어야 한다. 그렇지 않은 곳은 대출을 받아가며 투자할 이유가 없다.

대출은 위험한 것이 아니다. 대출이 위험하다는 것은 부동산을 매수한 뒤 가격이 하락할까 봐 두렵다는 이야기인데, 은행에서 가만히 있는 내 돈의 가치도 하락한다는 걸 모르고 하는 소리다.

다만 대출을 이용한 투자는 신중하고 또 신중해야 한다. 물론 이유 없이 대출받는 것은 위험하다. 소비하기 위해 대출을 받아서는 안 된다. 하지만 투자를 위한 대출은 합리적이고 건강한 수단이다.

🏠 월세 투자는 대출 투자다

투자를 처음 시작할 때 나는 이런 계산을 했다.

1. 1억 원짜리 집을 사서 8,000만 원에 전세를 놓는다.
2. 전세가 만기되는 2년 후까지 4,000만 원을 모은다.
3. 보증금 4,000만 원에 월 20만 원의 조건으로 월세 세입자를 구한다.
4. 월세보증금 4,000만 원을 받고 그동안 모은 돈 4,000만 원을 더해 전세보증금을 반환한다.
5. 다시 돈을 열심히 모아 월세보증금을 점점 낮추고, 대신 월세를 올린다.

그런데 투자를 하다 보니 깨달은 것이, 대출이 없으면 월세수익률이 떨어진다는 사실이었다. 그뿐만이 아니다. 대출이 없으면 매매 수익률도 떨어진다. 왜 그럴까? 다음의 식을 보자.

1. 대출이 없을 때 임대 수익률 계산법

$$\frac{월\ 임대료 \times 12개월}{매매가\ -\ 보증금} \times 100$$

예) 1억 원짜리 집일 때 수익률
 : 보증금 1,000만 원, 투자금 9,000만 원, 월세 40만 원

$$\frac{40만\ 원 \times 12개월}{1억\ 원\ -\ 1,000만\ 원} \times 100 = 약\ 5\%$$

2. 대출이 있을 때 임대 수익률 계산법

$$\frac{월\ 임대료 \times 12개월\ -\ 대출이자 \times 12개월}{매매가\ -\ 보증금\ -\ 대출금} \times 100$$

예) 1억 원짜리 집일 때 수익률
 : 보증금 1,000만 원, 대출 7,000만 원, 투자금 2,000만 원, 월세 40만 원, 월 대출이자 2.8%일 때 약 16만 3,000원

$$\frac{40만\ 원 \times 12개월\ -\ (16만\ 3,000원 \times 12개월)}{1억\ 원\ -\ 1,000만\ 원\ -\ 7,000만\ 원} \times 100 = 약\ 14\%$$

대출을 받았을 때는 투자금이 4분의 1 이상 줄어들었고 수익률은 2배 가까이 늘어났다. 또한 1번 사례는 투자금 9,000만 원으로 1채밖에 살 수 없지만 2번 사례는 4채를 살 수 있다. 가능하기만 하다면, 누구라도 같은 돈으로 1채를 사기보다 4채를 사는 쪽을 택할 것이다.

이번에는 집값이 1,000만 원 올라 1억 1,000만 원이 되었다고 가정해보자.

1번 사례는 투자금이 9,000만 원이니 2,000만 원의 매매차익을 냈다. 이에 비해 2번 사례는 4채를 샀으니 모두 8,000만 원의 매매차익을 냈다. 즉, 대출을 받아 투자한 2번이 훨씬 유리하다.

매수자 입장에서도 생각해보자. 내가 집을 사러 갔는데 대출이 전혀 들어 있지 않아 9,000만 원을 투자해야 하는 아파트가 있고, 대출이 끼어 있어 2,000만 원만 주면 구입할 수 있는 아파트가 있다. 동일한 조건의 아파트라면 어떤 물건을 살까?

대출이 들어 있어야 잘 팔린다. 실제로 중개소를 다녀보면 대출이 하나도 없는 데다 월세 세입자가 살고 있는 집은 끝까지 안 팔리고 남아 있다. 매수자가 그렇게 큰돈을 투자하고 싶어 하지 않기 때문이다.

🏠 고정금리, 3년 거치, 30년 상환

투자를 하려면 대출을 해야 한다는 사실을 알았으니 이제 대출받을 결심을 했다. 그렇다면 어떤 식으로 갚을지도 선택해야 한다. 어떤 것이 가장 유리할까? 투자자에게 가장 좋은 상환 방식은 고정금리, 3년 거치, 30년 상환이다.

대출이자를 내는 방식에는 세 가지가 있다. 매월 내는 금액이 큰 순서로 나열하면 다음과 같다.

1. 원리금균등상환
   : 원금과 이자를 매달 같은 금액으로 납입
2. 원금균등상환
   : 매달 같은 원금 납입. 이자는 조금씩 줄어든다.
3. 거치식
   : 원금은 상환하지 않고 이자만 납입한다.

나는 거치식을 선택한다. 대출을 많이 받을수록 월세수익률과 매매차익 수익률이 높아지기 때문이다. 거치식을 택하면 여유 자금이 생겼을 때 언제든지 갚을 수도 있다. 다만 1~2%의 중도상환수수료가 붙으므로 잘 따져보고 상환해야 한다. 3년만 거치하면 중도상환수수료를 내지 않아도 되고 다른 상품으로 갈아타는 대환대출도 가능하다.

3년 거치식의 장점은 크게 두 가지다. 첫째, 금리가 계속 떨어지는 추세라면 더 저렴한 이율의 대출로 바꿀 수 있다. 둘째, 매매가가 올랐을 경우 더 많은 대출을 받을 수 있다. 그래서 여유자금이 생기고, 동시에 투자금 대비 월세수익률도 높아진다.

☑ 3년 거치식에서 대환대출을 할 경우 (단위: 만 원, %)

초기 대출		대환대출	
매수가격	8,000	매수가격	10,000
대출(70%)	5,600	대출(70%)	7,000
보증금	1,000	보증금	1,000
월세	40	월세	40
월 대출이자	14	월 대출이자	17.5
월수익	26	월수익	22.5
투자금	1,400	투자금	0 (대출을 올려받아 회수)
연수익률	22	연수익률	? (무한대)

표를 보자. 매매가 8,000만 원에 대출을 70% 받았을 때, 투자금은 1,400만 원이다. 따라서 투자금 대비 수익률은 22%가 된다. 그러나 몇 년 보유 후 매매가가 1억 원으로 상승했을 때, 다시 대환대출을 받으면 70%인 7,000만 원을 받을 수 있다.

투자금 1,400만 원을 모두 회수하고 나서도 매월 22만 5,000원의 순수익이 생긴다. 이때 회수한 투자금으로 또 다른 부동산을 매수할 수 있다. 월세가 잘 나올 뿐만 아니라 매매가가 오를 만한 아파트에 투자해야 하는 이유다.

3년 후 대환대출이 어렵거나 매매가 안 될 경우를 대비하는 방법은, 원금과 이자를 최소한으로 납입하도록 30년 만기로 원리금 균등상환을 하는 것이다. 이는 혹시 모를 위기를 대비하는 안전장치다. 금융위기가 와서 금리가 크게 오를 수도 있기에 이런 위험이 감지되면 고정금리로 대출을 받는 것도 하나의 방법이다. 물론 기준금리가 인상되면 예금금리도 인상되고 그에 맞게 월세도 올라갈 것이다.

대출을 빨리 갚겠다고 원리금상환 금액을 무리가 될 정도로 높게 책정할 필요가 없다. 한 달에 100만 원씩 갚겠다고 약속했는데 만약 갚지 못하는 일이 생기면 신용불량자로 전락하고 만다. 늘 최악의 경우를 염두에 두어야 한다. 내가 좋아하는 명언이 하나 있다.

"위험한 때를 대비하면 위험한 일이 생기지 않는다."

전세자금대출이 부동산 투자에 미치는 영향

전세자금대출제도가 정말 서민을 위한 것이었을까, 나는 늘 생각한다. 한국은 전 세계에서 유일하게 전세제도가 있는 나라다. 부동산 호황기에는 임대인은 아파트를 분양받아 매매차익을 남기고, 임차인은 저렴한 가격으로 거주하니 서로에게 좋은 일이었다. 하지만 부동산 경기가 침체되면 사람들은 집을 사는 대신 전세로 살고 싶어 하고, 집주인들은 매매차익을 기대하기보다 월세를 선호하게 된다. 그렇게 전세가는 폭등한다.

집이 매매가 안 되고 가격이 하락하니 하우스푸어가 양산되고, 치솟는 전세가를 감당할 수 없어 점점 외곽 지역으로 밀려나는 렌트푸어가 늘어갔다. 이때 정부가 전세자금대출제도를 만들어 전세금을 빌려주었다. 저소득층이나 신혼부부에게는 특별히 할인된 금리로 빌려주었다. 그런데 금리가 내리면 유동성이 커진다. 결과적으로 전세자금대출로 인해 전세 가격이 더 오를 여지를 준 것이다. 또한 신용등급이 좋지 않아 전세자금대출을 받을 수 없는 계층은 어쩔 수 없이 반전세나 월세를 선택해야 했다. 그래서 의문이 생기는 것이다. 누구를 위한 전세자금대출인가.

언제부터인가 주택담보대출은 꺼리면서 전세자금대출은 당연시하는 풍조가 생겼다. 전세를 선호하는 사람이 많으면 많을수록 전세가가 오르고, 금리가 낮아지면 낮아질수록 전세자금대출 규모가 커진다. 하지만 전세는 투자가 아닌 실거주이며 자산이기 때문에 거품이 형성되는 것은 아니다. 투자라면 한국에만 있는 이 전세제도의 흐름을 주목해야 한다. 전세가가 상승하는 곳이 곧 매매가가 상승할 확률이 높은 곳이기 때문이다.

20

개발 호재보다
수요와 공급이 중요하다

🏠 소문에 사고 뉴스에 팔라

"소문에 사라"라는 말은 '카더라 통신'만 믿고 부동산을 덜컥 사라는 뜻이 아니다. 그런데도 오해하는 사람이 많다. 이에 비해 "뉴스에 팔라"라는 말은 오해의 여지도 없거니와 참으로 현명한 조언이라고 생각한다. 고수들은 뉴스에 팔고 초보들은 뉴스에 산다. 초보 투자자 시절의 나 역시 그랬다.

때는 2011년 5월, 3월에 후쿠시마 원전 사고가 일어난 뒤 경기는 전반적으로 냉각되는 분위기였다. 대전의 부동산 경기도 좋지 않았다. 그런데 온 나라가 과학비즈니스벨트 이슈로 달아오르기 시작했다. 선정 지역 발표일을 며칠 앞두고는 과학벨트 거점지구로 대전이

유력하다는 소문이 어느 정도의 근거를 두고 떠돌았다.

발표 날짜는 하루하루 다가오고, 투자할까 말까 망설이다가 대전에 이런 호재가 언제 또 있겠나 싶고 빌라로 이사 오면서 생긴 여윳돈이 있어 투자를 마음먹었다. 그때가 발표일 하루 전, 발표가 되기 전에 사야 한다는 조급한 마음에 송강동으로 달려갔다. 그런데 이럴 수가, 모든 중개소가 문을 닫은 것이다. 일요일에는 중개소도 쉰다는 사실을 그날 처음 알았다.

그래도 아직은 시간이 있었다. 월요일 오후 3시에 발표 예정이라니 월요일 오전에 계약을 하면 되지 않겠나. 다음 날 아침에 다시 부동산중개소를 찾아갔다. 워낙 중개소가 많은 동네인데도 중개소마다 집을 사려는 사람들로 붐볐다. 한 사람이 집을 보고 나오면 바로 다른 사람이 보러 올라가고, 다른 집을 보러 가면 그 집에도 줄줄이 사람들이 찾아왔다. 옆 동도, 그 옆 동도 사정은 비슷했다.

상황이 급박했다. 집을 보러 다닌 지 1시간 만에 1순위로 점찍어놓은 집 매도자에게 전화를 했더니 이미 다른 사람과 계약서를 쓰기로 했다고 한다. 2순위 집은 그새 마음이 바뀌었는지 팔지 않겠다고 했다. 결국 3순위로 생각해놓은 집을 계약하기로 했다. 23평, 매매가 1억 3,000만 원에 전세 9,500만 원이 가능한 집이었다. 모바일뱅킹을 이용해 계약금 1,300만 원을 빛의 속도로 송금했다.

그런데 얼마 지나지 않아 집주인에게 전화가 왔다. 자기 부인이 멋도 모르고 너무 싸게 팔았다며 집을 팔지 않겠다고 했다. 이미 계약금을 보낸 터라 나는 그냥 얘기를 들어주는 시늉만 했다. 그 와중에 3시가 되었다. 전문가들의 입지 평가에서 가장 높은 점수를 받은 대전 신동·둔곡지구가 국제과학비즈니스벨트의 거점지구로 지정되었다는 뉴스가 떴다. 뉴스를 보니 자신의 지역이 지정되기를 기대하던 경상도나 전라도, 수도권 주민들의 실망이 대단했다.

나는 안도의 한숨을 쉬었다. 내가 계약금을 넣은 집은 신동·둔곡지구와 가장 가까운 아파트로, 저렴하고 살기도 좋은 곳이었다. 문제는 마음이 왔다 갔다 하는 매도자였다. 일이 깔끔하게 마무리되지 못했기에 나는 유모차에 첫째를 태우고 둘째는 포대기로 업은 채 밤 12시까지 집으로 돌아가지 못했다. 온종일 굶어가며 중개소 한구석에서 둘째에게 수유를 했다. 해결을 하고 자리를 떠야겠다는 생각뿐이었다. 목표를 잡으면 절대 놓지 않는 나의 끈질김에 중개소에서도 빨리 해결해주려고 더 노력했다.

드디어 우여곡절 끝에 계약서를 작성하게 되었다. 또 안 판다고 할까 봐 매도인이 오기 전에 소장님에게 미리 귀띔을 해두었다.

"마음이 또 변할지 모르니 중도금 날짜를 빨리 잡아주세요. 말일이 대출이자 납입일이니 이자 나가지 않도록 그 전에 중도금으로 근저당 상환 말소를 하자고 이야기해보세요."

드디어 계약서를 작성하는 순간, 소장님이 매도자에게 말했다.

"좀 지나면 대출이자 나가네. 이거 아깝게 뭐하러 내요. 중도금 받아서 미리 갚아버리지요."

매도자는 흔쾌히 동의했다.

그렇게 아슬아슬하게 계약을 하고 어느덧 2주가 흘러 5월 말이 됐다. 과학벨트지역 발표가 나자마자 매물은 진작 자취를 감추었고, 그나마 있는 매물도 그 짧은 기간에 1,500만 원 이상 오른 상태였다. 어느 날 매도인에게서 전화가 걸려왔다.

"집을 못 팔 것 같습니다. 계약을 파기하고 싶은데 돈이 없어 그러니 위약금을 좀 깎아주십시오."

결국 우려하던 일이 벌어졌다. 가슴이 벌렁거렸지만 애써 침착하게 대답했다.

"내일이 중도금 기일입니다. 중도금을 보내지 않으면 제가 계약 위반을 한 것이 되므로 저는 내일 보낼 계획입니다. 정말로 계약 파기를 원하신다면 계약금과 위약금을 오늘 중으로 보내주세요. 이제는 같은 물건을 1억 4,500만 원을 줘야 살 수 있으니 저는 위약금 1,300만 원을 받아도 손해입니다. 깎아드릴 수는 없습니다."

돈이 없다던 매도인은 그 밤중에 바로 2,600만 원을 송금했고, 그렇게 계약은 파기되었다. 값이 한참은 더 오를 것 같은 집을 되찾은 매도인은 싱글벙글했고, 그 집을 사지 못한 나는 울고만 싶었다.

🏠 인생사 새옹지마라더니

그런데 몇 달 후, 집값이 원래의 자리를 찾아가더니 오히려 떨어지기 시작했다. 아니, 이건 뭐지? 당장 수요가 받쳐주지 않는 상태에서 투기세력들이 너무 밀고 들어오니 전·월세가 흔해지고, 그래서 전세가가 하락하기 시작한 것이다. 그때 깨달았다. 뉴스만 보고 어리바리 투자자들이 우르르 몰려갈 때 나도 따라 몰려갔다가는 쪽박 차기 십상이라는 것을. 그리고 가슴에 깊이 새겼다. 뉴스에 떴을 때는 살 때가 아니라 팔 때라는 것을.

5년이 지난 지금도 그 아파트는 1억 3,000만 원대를 벗어나지 못하고 있다. 인근 세종시에 물량이 대거 쏟아져 나오기도 했지만, 아직 과학벨트가 조성되지 않았을뿐더러 추진 일정과 사업 계획들이 혼선을 빚고 있기 때문이다. 언젠가는 오른다 해도 취득세, 등록세, 수리비 그리고 기회비용을 따진다면 그렇게 장기 투자를 할 정도의 메리트는 없다.

나는 땅도 아닌 아파트를 장기로 투자하지 않는다. 20년이 넘은 아파트에 투자하면서 30년을 바라보기에는 리스크가 크기 때문이다. 전세 투자를 할 때는 보통 2~4년을 보유하고, 임대차계약이 만료되는 시점에 매도한다. 그 이유를 이어서 설명하겠다.

21

전세 투자는 2년,
월세 투자는 4년

🏠 전세 투자, 2년의 법칙

임대차는 계약기간이 기본적으로 2년이기 때문에 나는 투자기간을
2년으로 잡는다. 세입자가 들어오면 2년 동안은 내보낼 수 없고, 나
의 투자 원칙 가운데 하나가 실거주자가 매수할 수 있는 아파트를 사
는 것이기 때문이다. 임대차 계약기간이 남아 세입자가 살고 있는 상
황이라면 그 집을 매수한 사람이 들어와 살 수가 없다. 이런 때는 상
대를 투자자로만 한정해야 하는데, 그렇게 해서는 좋은 가격을 받기
어렵다.

그래서 투자를 할 때는 2년 후 시장이 어떻게 변화할지 미리 점검
하고 접근한다. 2년 후를 예측하는 방법은 어렵지 않다. 주변에 신규

로 분양하는 아파트가 있는지, 있다면 분양이 완료된 세대수는 얼마인지, 내년과 내후년에 입주하는 물량은 어느 정도인지 알아보면 된다. 신규 아파트의 분양이 시작되면 분양권에 프리미엄이 붙어 활황이 되거나, 아니면 그 반대로 고분양가 논란이 일면서 외면을 받아 미분양이 생긴다. 두 경우 모두 가까운 곳에 있는 기존 아파트의 가격 상승에 일시적인 악재로 작용한다.

그리고 입주가 시작되면 수천 세대가 동시다발로 들어오기 때문에 기존 아파트의 임대가가 하락한다. 집을 팔고 신규 아파트로 이동하는 수요도 많기 때문에 기존 아파트를 매도할 경우 제값을 받지 못하는 시기가 바로 이때이기도 하다.

나는 이런 경우에는 일부러 전세가 들어 있는 물건을 잡는다. 예를 들어 2018년 12월 1일에 신규 아파트 5,000세대가 입주할 예정이라면, 전세 계약기간이 2016년 8월 20일부터 2018년 8월 19일까지인 기존 아파트를 2016년 10월 1일에 매수한다.

2016년 10월에 매수하여 12월에 잔금 치르는 것으로 계획을 잡으면 2년 후 신규 입주물량과 겹친다. 이렇게 매도 시점을 고려하면 전세가 이미 들어 있는 아파트가 좋다. 그리고 2018년 8월 전세 만기 시, 그러니까 신규 입주 물량이 풀리기 직전에 매도한다. 이제는 1년 이상만 보유하면 팔 때 일반과세가 적용되기 때문에 세금 문제도 없다.

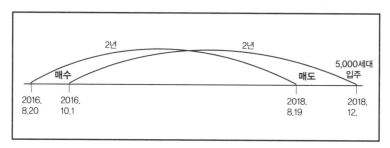

◘ 전세 투자 2년의 법칙

※ 전세 투자를 할 때는 2년을 주기로 주변 매물 상황을 살핀다.

아니면 매도하지 않고 다시 2년간 전세 투자를 할 수도 있다. 중간에 세입자가 나간다고 하면 어쩌나 걱정하는 이들도 있는데, 나에게도 세입자가 나가고 싶다고 말한 적이 있었다. 전세는 8,000만 원인데 주변 입주물량으로 하락해서 일시적으로 6,500만 원이 된 때였다. 나는 세입자에게 이렇게 말했다.

"요즘 전세가가 하락한 걸로 아는데요. 지금 사시는 금액으로 새로운 세입자 맞출 수 있으면 이사 가셔도 좋습니다. 제가 여윳돈이 없어서 전세금을 내드릴 수가 없어요. 죄송합니다."

우리 세입자는 어쩔 수 없다며 만기까지 거주했다. 만기 때는 내가 조사한 대로 입주물량이 없어 다시 전세가가 상승했다. 그래서 더 높은 액수의 전세금을 받을 수 있었다.

전세 투자는 수요가 폭발하여 전세가가 상승하는 것을 전제로 시작한다. 전세가가 상승한다는 이야기는 공급이 부족하다는 의미이고, 전세가 없어 불만의 목소리들이 터져 나오면 자치단체에서는 공급을 하기 시작한다. 아파트가 지어지는 데는 통상 2~3년이 걸린다. 그리고 향후 입주물량은 정확히 정해져 있기 마련이다. 좋은 가격으로 매도하고 싶다면 그 시기를 피하면 된다.

가격이 폭등하면 누구나 '꼭지' 혹은 '상투'라고 생각하게 된다. 이때는 매수 심리가 얼어붙어 거래가 멈추기도 한다. 그래서 투자자라면 매도 목표 금액을 꼭 설정해야 하는 것이다. 목표한 금액에 도달하면 주저 말고 팔아야 한다. 부동산에 과도한 거품이 끼면 누구나 거품이 꺼지기를 기다리기 때문에 아무리 팔고 싶어도 사려는 사람이 없다.

나는 내가 소유한 부동산에 거품이 끼는 것을 원치 않는다. 그 물건의 가치만큼 평가받고, 적당한 금액으로 거래가 되어 매수자와 매도자 모두 만족하기를 원한다. 그래서 전세는 최고가로 놓을지언정 매도할 때는 최고가를 받으려고 욕심내지 않는다.

🏠 월세 투자, 4년 이상

월세 투자는 전세 투자와는 또 다르다. 4년 이상 장기 투자하는 것이 좋다(임대사업자의 의무등록기간이 기존 5년에서 4년으로 변경되었다. 그래서 이제는 임대사업자로 4년만 보유하면 되므로 월세 투자 기간을 최소 4년 이상으로 정했다). 월세수익률이 높을수록 매매가 상승이 더딘 것이 보편적이기 때문에 4년 이하로 보유했다가 팔고 또 사는 것은 의미가 없다.

취득세, 양도세, 중개수수료, 수리비 등 비용만 자주 지출하게 되어 수익률이 낮아질 수 있다. 그래서 나는 월세 투자에는 전세 투자보다 훨씬 더 세심하게 신경을 쓴다.

매수 당시부터 신경 써야 할 부분은 다음과 같다.

1. 저평가되어 있는가(낮은 매매가)
2. 희소가치가 있는가(평형, 입지)
3. 임대수요는 풍부한가(교통, 직장 · 주거 근접)
4. 주변에 예정된 신규 분양은 없는가(입주물량과 분양 가격)

항상 만기 시점의 상황을 염두에 두고 계획을 세워야 한다. 여러 가지 경우의 수를 항상 대비하고 계획하는 것이 리스크 관리의 기본이다.

🏠 물건, 없다 해도 어딘가에는 있다

아파트, 언제 사고 언제 팔까. 이미 언급했듯이 답은 단순하다. 잘 팔리는 집을 사서 잘 팔리는 타이밍에 팔면 된다. 그 지표가 수요와 공급이고, 이를 현장에서 확인하는 방법이 전세물건이다.

전세물건이 많은지 적은지는 중개소에 물어보면 쉽게 알 수 있다. 전세를 구하는 사람으로 가장해 전세물량과 가격을 물어보면 된다.

그런 다음 "그럼 매매는 얼마 정도 하는데요?"라고 매물 정보를 파악하는 것이다. '로열동·로열층 올수리는 얼마', '로열동·로열층 노수리는 얼마', '비로열동·로열층은 얼마' 이런 식으로 다른 물건의 시세를 꼼꼼히 분석해서 내가 구입할 아파트의 시세를 정하도록 한다.

매도 시점과 가격을 파악할 때도 마찬가지다. 전세 상황이 어떤지를 먼저 물어봐라. 전세물건이 많다고 하면 '집 팔기는 어렵겠구나' 생각하면 된다. 반대로 전세가 귀해 이사 날짜 맞추기가 쉽지 않다고 하면 '이때다' 하고 팔아야 한다. 그러나 초보 투자자들은 매물이 없을 때 사서 매물이 많을 때 판다. 가격이 오를 것만 생각했지 매물이 그렇게 많아질 줄은 예측하지 못했기 때문이다. 그래서 울며 겨자 먹기로 아파트를 장기 투자하게 된다.

얼마 전 지인이 울상을 지으며 말했다. 아파트를 계약하던 시점에는 전세가 귀했는데, 투자자들이 몰려왔는지 한 달 만에 전세물건이 늘어 전세가 2,000만 원이나 하락했다는 것이다. 전세보증금을 받아 아파트 잔금을 치러야 하는데 걱정이라는 말이었다.

전세를 몇 군데나 내놓았냐고 물으니 아는 부동산 한 군데에만 내놓았다고 했다. 그동안 중개소 한 군데만 믿고 전세를 놓았다가 잔금을 맞추지 못한 사람을 한두 명 본 것이 아니다. 물론 나도 경험했다. 그래서 서른 군데에 내놓았더니 한 달이 지나도 안 나가던 전세가 엿새 만에 계약이 되었다. 가끔가다 매수계약서를 작성했던 중개소에서 자신들이 세입자를 알아보겠다며 전세계약수수료는 받지 않겠다고 제안하는 경우가 있는데, 그런 때는 일주일 정도 상황을 보기도 한다.

매도할 때나 매수할 때도 마찬가지다. 최근 집이 안 팔린다는 하소연을 몇 번 들었다. 아니나 다를까. 대개는 한두 군데, 많아야 세 군데에 집을 내놓았다고 했다. 물량이 많을 때는 최소한 서른 곳의 중개소에는 내놓아야 팔린다.

몇 년 전 동생이 일산에서 신혼집을 구입할 때도 중개소를 여러 곳 돌아보라고 신신당부를 했다.

"서른 곳은 가본다는 마음으로 중개소를 다녀봐. 지금처럼 사려는 사람이 많을 때는 집이 잘 팔리니 부동산끼리 매물 정보를 공유하지 않아."

그러나 동생은 매물 정보를 공유한 중개소를 통해 아파트를 샀다. 그러고는 하는 말이, 물건이 없단다. 한 군데만 갔으니 물건이 없는 것은 당연한 일. 얼굴에 "저 신혼집 사러 왔어요"라고 쓰여 있는 20대 부부에게 그 중개소는 내부만 그럴듯하게 수리되었지 잘 안 팔리는 층, 잘 안 팔리는 라인만 보여준 것이다.

공동중개를 하는 경우에는 매도자와 매수자 각각에 중개사무소가 붙기 때문에 중개사무소가 2개가 된다. 매도자 측 중개소에서는 본인이 매수자를 구해 양측 중개수수료를 모두 받고 싶어 하기 때문에 매수자 측 중개소가 가격 절충에 나서더라도 그리 호의적이지 않다.

경험을 한 가지 얘기하자면, 세종시 26평 아파트를 공동중개 매물로 소개받은 적이 있다. 나는 매도자 측 중개업소에 500만 원을 깎아주면 구입하겠다고 제안했다. 그러자 그 중개소는 "그렇게는 못 팔겠다고 하는데요" 하고 딱 잘라 끊으며 가격 절충의 여지를 주지 않았다. 그런데 나중에 등기부등본을 살펴보니 마침 남편 지인이어서 매도자에게 직접 전화를 걸어 매수했다. 그런데 그는 가격을 깎아달라는 내 제안을 중개소를 통해 한 번도 전해 들은 일이 없다고 했다. 그날 이후 가격을 협상할 때면 중개사가 내 눈앞에서 매도자에게 전화를 하는 모습을 봐야 안심이 된다.

부동산끼리 사이가 안 좋아 옆집인데도 인사조차 안 하고 지내는 곳도 있고, 두 패로 나뉘어 절반만 공유하는 지역도 허다하다. 공유한다는 뻔한 이야기에 속지 말고 중개업소는 여러 군데를 방문해보자.

22

부동산 투자는
시간에 투자하는 것

🏠 투자의 목적

부동산 투자는 시간을 사는 것이다. 시간은 내가 가진 돈의 가치를 떨어뜨린다. 그래서 우리는 돈의 가치가 떨어지더라도 그만큼을 상쇄하고 남을 무언가를 구입해두는 것이다. 인플레이션 헤지(hedge)를 위해 투자를 하는 셈이다.

인플레이션은 돈의 가치를 하락시킨다. 화폐 발행량이 늘어나기 때문이다. 화폐 발행량이 늘어나면 가격이 오르는 것처럼 보인다. 하지만 실은 물건이 비싸지는 것이 아니라 돈의 가치가 떨어지는 것이다. 돈의 가치가 떨어지면 현물 가격이 비싸진다.

자원은 유한하지만 돈은 무한정 찍어낼 수 있다. 1만 원짜리, 5만 원짜리 지폐뿐 아니라 수표, 상품권, 기프티콘 등이 모두 화폐다. 그 양이 얼마나 되는지는 가늠도 안 된다. 한국은 신용카드를 사용하는 비율이나 소득 대비 신용대출금액도 매우 높다. 눈에 보이지는 않지만 어마어마한 양의 돈이 쉼 없이 돌고 있는 것이다.

예금이자가 물가상승률보다 낮은 지금 같은 초저금리 시대에는 은행에 돈을 넣어두면 넣어둘수록 손해를 보게 된다. 부자들은 서민들이 차곡차곡 저축한 그 돈을 낮은 금리로 빌려, 부지를 매입해서 공장을 짓고 빌딩을 사서 사옥으로 쓴다. 심지어 보험회사에서는 내가 낸 돈을 대출해주면서 대출이자를 받아간다. 보험 납입금에서 사업비를 떼어가고, 인플레이션 헤지도 안 되는 턱없이 낮은 금리만 보장해주면서 그보다 높은 이자를 받고 대출을 해준다.

국가도 대출을 만들어낸다. 정부는 각종 복지 정책을 펴고 도로나 도시를 개발하느라 늘 돈이 부족하다. 그래서 국공채를 발행해 돈을 빌린다. 그 빚의 규모는 어마어마하다. 뉴스에서는 가계부채가 최대치라며 우려의 목소리를 내지만, 실은 정부의 부채가 더 심각하다.

정부가 부채를 해결하는 방법은 오직 한 가지, 인플레이션을 유도하는 것이다. 오늘 빌린 1억 원을 10년 후에는 아무것도 아닌 푼돈으로 만들어버린다. 그것이 바로 부자들의 계획이고, 지금까지 전 세계의 정부가 파산하지 않고 유지될 수 있었던 비결이다.

정부나 기업의 부채 규모로 계산하면 복잡하니 적은 금액으로 예를 들어보자. 내 기억에 가장 어려웠던 시절인 1998년 IMF 시절에는 대출금리가 20%에 달했다. 1,000만 원을 빌리면 1년에 200만 원의 이자를 내야 했다. 이자를 내지 못하면 파산한다. 그리고 경기가 안 좋아질수록 금리는 점점 내려간다. 2008년 금융위기 때는 약 6%였다. 내야 하는 이자 200만 원을 기준으로 했을 때 이제는 3,300만 원을 빌릴 수 있다. 2016년 현재는 같은 이자를 낸다고 할 때 6,600만 원을 빌릴 수 있다. 순전히 이자를 기준으로 해서 본다면 1998년 1,000만 원과 2016년 6,600만 원이 같은 가치인 것이다.

☑ 연 이자 200만 원의 시기별 원금 액수   (단위: 만 원, %)

	1998년 IMF	2008년 금융위기	2016년 현재
원금	1,000	3,300	6,600
이율	20	6	3
연 이자	200	200	200

이런 식으로 이율이 낮아지면 돈의 가치가 떨어지기에 대출을 받은 자산가나 기업가는 짐이 훨씬 가벼워진다. 정부 역시 마찬가지다. 그러니 '저축을 많이 해서 우대금리 0.4% 더 받는다' 같은 얘기는 더는 자랑거리가 아니다. 인플레이션을 헤지할 수 있는 현물에 투자하는 것 아니면 이제는 길이 없다.

🏠 전세 헤지를 이용하라

인플레이션으로 화폐가치가 떨어져도 이를 상쇄할 수 있는 투자 대상은 무엇일까? 나는 그것을 부동산으로 봤다. 사람이 금이나 주식은 없어도 얼마든지 살 수 있지만, 집 없이 사는 사람은 없다. 밀가루와 설탕 가격이 아무리 오른다 한들 집에 쌓아놓고 보관할 순 없는 노릇이다. 그래서 나는 부동산에만 투자한다. 그리고 이것이 '전세 헤지'라고 생각한다.

어떤 회사가 수출을 하고 대금을 후불로 받는다면, 회사에 들어오는 돈은 환율의 영향을 받는다. 환율이 변동함에 따라 이익을 볼 수도 있지만, 손실을 볼 수도 있다. 또 어떤 사람이 해외 주식을 사서 상당한 수익률을 올렸다고 하더라도, 환율이 불리한 쪽으로 변동했다면 투자의 의미가 사라져버린다. 이런 위험을 방지하기 위해 환율을 미리 고정하는 방법을 쓸 수 있다. 달러가 1,000원이 되든 2,000원이 되든 처음에 정한 환율을 적용하기로 하는 것이다. 전세 투자도 같은 원리의 방식으로 할 수 있다.

이를테면 내가 상계동에서 전세를 살고 있는데 훗날 학군이 좋은 중계동으로 이사를 가고 싶다고 하자. 이때는 집을 사서 입주하는 것이 아니라 중계동에 집을 사되 상계동에서 계속 전세로 사는 것이다. 만약 2억 5,000만 원에 집을 사서 2억 원에 전세를 놓는다면, 내가 이사할 시점에 전세가가 2억 5,000만 원이 되든 3억 원이 되든 상관이 없다. 나중에 내가 그 집에 들어갈 때는 2억 원만 내주면 된다.

반면 중계동으로 이사를 가고 싶지만, 집을 사기는 내키지 않고 전세로 들어가고 싶다고 하자. 하지만 돈이 모자란다. 그래서 열심히 돈을 모아 내년에 이사를 가겠다고 마음먹는다. 하지만 막상 내년이 오면 전세가가 얼마가 되어 있을지 모른다. 지금은 2억 원이라도 내년에는 2억 5,000만 원이 될 수도 있다. 열심히 돈을 모았지만 그 집에 못 들어가게 되는 것이다. 결국 경기도로 가거나 점점 싼 주거 환경으로 밀려날 수밖에 없다.

전자의 경우를 전세 헤지라고 할 수 있다. 다만 이 경우는 투자가 아니라 내 집 마련의 경우로, 전세보증금을 올려 받지 않고 고정해놓으면 내 집 마련이 훨씬 쉬워진다. 당장 좋은 집에 살 필요가 없다. 특히 아이가 아직 어리다면 지금 살고 있는 곳보다 저렴한 곳으로 이사하거나 친정 또는 시가에 들어가 살 수도 있다. 그렇게 하면 집을 구입할 수 있는 여유자금이 생기므로 몇 년 동안의 불편함은 기꺼이 감수할 수 있을 것이다. 그 시간은 그저 고생스럽기만 한 시간이 아니라 투자하는 시간이다. 부동산은 시간에 투자하는 것이다.

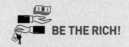
종잣돈 모으는 데는 적금이 최고

매달 100만 원씩 우직하게 적금을 넣었다. 아니, 그런데 1년 동안 13만 원이라니! 이자 (연이율 2%)가 너무 적다.

▶ 적금으로 종잣돈 모으기

(단위: 원, 개월)

회차	월 불입금	건별 이자	이자 산정 기간
1회차	1,000,000	20,000	12
2회차	1,000,000	18,333	11
3회차	1,000,000	16,667	10
4회차	1,000,000	15,000	9
5회차	1,000,000	13,333	8
6회차	1,000,000	11,667	7
7회차	1,000,000	10,000	6
8회차	1,000,000	8,333	5
9회차	1,000,000	6,667	4
10회차	1,000,000	5,000	3
11회차	1,000,000	3,333	2
12회차	1,000,000	1,667	1
총합계	12,000,000	130,000	

매달 불입하는 적금 형식의 저축에서는 이자 계산법이 정기예금과 다르다. 1회차에 불입한 100만 원은 12개월을 예치하는 동안 2%의 이자를 모두 받을 수 있다. 그렇지만 예치기간이 한 달씩 줄어들면서 이후 불입액은 이자도 조금씩 줄어든다. 반면, 1,200만 원이라는 목돈이 있다면 정기예금에 넣고 12개월간 예치함으로써 연이율 2%를 모두 챙길 수 있다.

이처럼 이자만 놓고 봤을 때는 적금이 정기예금에 비해 손해지만, 돈을 모으는 데는 최고의 상품이다. 이율이 낮긴 해도 종잣돈을 모으려면 1년짜리 적금으로 시작하는 것이 좋다. 요즘 같은 시대는 금리가 워낙 낮으니 이자를 따지기보다는 저축 총액에만 집중하자.

CHAPTER 5

콩나물값 깎지 말고
아파트값을 깎아라

23
나의 정보를
발설하지 마라

🏠 지피지기 백전불태

요즘은 경제서보다는 고전을 읽으면서 많이 배우는 중이다. 부동산 투자를 할 때 내가 상대해야 하는 것은 집이 아니라 사람이기 때문이다. 인간관계의 기술과 세상의 이치를 아는 것이 얼마나 중요한지를 갈수록 깊이 깨닫고 있다.

지피지기 백전불태(知彼知己百戰不殆)

부지피이지기 일승일부(不知彼而知己 一勝一負)

부지피부지기 매전필태(不知彼不知己 每戰必殆)

적을 알고 나를 알면 백 번을 싸워도 위태롭지 않다.

적을 모르고 나만 알면 한 번 이기고 한 번 진다.

적도 모르고 나도 모르면 싸울 때마다 위태롭다.

최근에 읽은 《손자병법》에 나오는 말인데, 이를 실감한 일이 있다. 셋째를 낳고 산후조리를 막 끝냈을 때였다. 인천 청라지구로 아파트를 보러 갔다. 타워형 신축 아파트로 구조와 향이 다양하게 설계되어 있었기에 될 수 있으면 모든 구조를 직접 보고 싶었다. 그래서 전세물건이든 매매물건이든 상관없이 구조별로 집을 보여달라 청했다. 그런데 구경조차 못 해본 집이 너덧 군데나 됐다. 아들이 셋이라는 이야기를 듣자마자 새 아파트에 아들 셋은 안 된다며 집주인이 딱 잘라 거절한 것이다. 그때 깨달았다. 나의 약점을 노출해서는 안 된다.

아들이 셋이라는 것은 정말이지 약점이었다. 일례로 아파트 1층을 매수하려 할 때 아이들을 모두 데리고 다니면 매도자로 하여금 '저 사람은 아들이 셋이니 꼭 이 집을 사겠구나' 라는 생각을 갖게 한다. 결국 가격 흥정이 어려워진다. 그래서 나는 막내만 안고 돌아다니며 아들이 하나뿐인 체하기도 했다.

관심은 1층에 있었지만 4층도 보고 12층도 봤다. 중개인이 "1층에 사실 건가요?"라고 물으면 "꼭 그럴 필요는 없는데 싸서요. 이 집보다 더 싼 집이 있나요?" 하고 되물었다. 이런 경우 1층보다 더 싼 매물이 튀어나오면 그걸 사야 돈을 번다. 아파트는 보편적으로 1층이 가장 저렴하기 때문이다.

예를 더 들자면, "우리 엄마가 101동에 사시니 102동 정도면 정말 좋겠어요" 같은 이야기도 하지 말아야 한다. 비밀을 누설하는 순간, 중개업자는 그 정보를 약점 삼아 '살 테면 사고 말 테면 말라'는 식으로 나온다.

가능한 한 나에 대해 알리지 말아야 한다. 내 의도나 목적을 최대한 숨겨야 한다. 아이들이 어느 정도 커서 요즘은 혼자 다닐 때가 많다. 나는 내가 결혼을 했는지 안 했는지, 나이가 몇인지, 어디에서 왔는지도 말하지 않는다.

대신 내가 궁금한 점들을 쉴 새 없이 질문하고 답변을 귀 기울여 듣는다. 내가 알고 있는 지식이나 정보에 대해서도 말하지 않는다. 잠자코 듣기만 한다. 중개업자가 믿을 만한 사람인지, 이 물건의 매도 사유는 무엇인지, 매도자의 사정이 급해서 가격을 깎을 수 있는지를 파악하는 것만으로도 머릿속이 바쁘다.

부동산중개소를 다니다 보면 자기 자랑을 하느라 바쁜 손님들을 종종 보곤 한다. 어느 어느 동네에 집을 몇 채 가지고 있고, 시골에 땅이 많은데 팔까 말까 고민이고, 대기업 다니는 우리 아들이 웬일인지 장가를 못 가 걱정이니 참한 아가씨 하나 소개해달라 등등의 스토리다. 커피 한잔 하면서 가볍게 잡담을 나누는 것은 좋지만 내가 돈이 많다는 것, 내 투자 성향이 어떻다는 것을 알려서 얻을 수 있는 건 아무것도 없다. 상대보다 내가 더 많은 것을 알고 있어야 게임에서 유리하다.

나 자신에 대해서도 알고 있어야 한다. 내가 어떤 투자자인지, 내가 감당할 수 있는 리스크가 어느 정도인지, 내가 이 투자로 이루고자 하는 목표가 무엇인지에 대해 진지하게 고민해봐야 한다. 예를 들면 잔금 치를 시점에 전세가가 하락해도 이를 감당할 자금이 있는지, 전세 세입자가 들어오지 않으면 월세로 전환할 의향이 있는지, 월세 투자를 하다 임대료가 들어오지 않는 상황이 생겼을 때 대출이자를 납입할 능력이 되는지 등 여러 가지가 있다.

지피지기면 백전불태라. 나를 알고 상대를 알아야 위험에 처하지 않는다.

🏠 부지피이지기 일승일부

상대방을 모르고 나만 알면 한 번 이기고 한 번 진다. 그러니 중개업자의 특성에 대해 알아보자. 중개업자는 중개소를 찾아오는 고객 중에서도 실거주자보다 투자자를 선호할 수 있다. 실거주자보다 좀더 빠르게 결정을 내릴 수 있다는 점, 그리고 매수 시의 중개수수료뿐만 아니라 전세를 놓을 때의 중개수수료까지 추가로 받을 수 있다는 점 등이 이유다. 게다가 향후 매도 시에 다시 한 번 수수료를 받을 수 있으니, 오래도록 움직이지 않을 실거주자보다는 투자자를 선호하는 것이다. 하지만 외지에서 온 투자자보다는 같은 지역의 주민을 보호하고자 하는 중개업자도 있다. 투자자 사정보다 이사 날짜 등 사정이 급한 실거주자를 먼저 배려하는 게 대표적인 예다.

중개업자를 만날 때는 이곳이 향후 크게 상승할 지역이라 투자를 한다든지 여러 채를 계속 매수할 계획이라든지 하며 자만하고 거드름을 피워서는 안 된다. 나는 집값 상승을 확신하면서도 겉으로는 불안한 체한다. 오를지 안 오를지 모르니 급매 가격이 아니면 사지 않겠다고 딱 잘라 말한다. 여러 채를 매수하고 싶다는 속내도 드러내지 않는다. 그걸 알면 중개업자는 가장 좋은 물건을 골라 내놓는 것이 아니라 여기저기 전화를 걸어 이 물건 저 물건을 마구 권유하기 때문이다. 중개소의 목적은 내게 가장 좋은 물건을 주는 것이 아니라 중개수수료를 얻는 것이다.

남편이 S전자에 다니는데 어디 어디에 발령을 받았다, 재산이 얼마다 등의 정보도 비밀이다. 돈이 있어 보이면 매도할 때 집값을 깎을 수 있겠다는 희망만 키워줄 뿐이다.

투자자로서 나의 강점은 매수·임대·매도 시에 수수료를 지불할 수 있다는 점, 그리고 중개업자를 믿고 집을 보지 않고서도 바로 계약금을 치르는 결단력이 있다는 점이면 충분하다. 어서 매수하고 싶다는 조급함과 투자자로서의 내 생각을 굳이 드러내서 득 될 것 하나도 없다.

24

입은 닫고
귀는 열어라

🏠 **질문과 경청**

입을 닫는 이유는 귀를 열기 위해서다. 중개업자는 그 지역에 대해
나보다 더 많이 알고 있다. 물론 나도 공부하고 분석을 끝낸 뒤에 현
장을 찾기는 한다. 그래도 내가 아는 사실이 맞는지 확인하기 위해,
정말로 몰랐던 사실에 대해서는 제대로 알기 위해 궁금증이 풀릴 때
까지 질문을 한다.

"이 동네에서 초등학교는 어디가 가장 좋아요?"

"이 아파트는 중·고등학교를 어디로 배정받아요?"

"강남으로 출근하려면 버스는 어디에서 타요?"

"이 아파트 분양가는 얼마였어요?"

"여기 거주하는 사람들 직장은 주로 어떤 곳이에요?"

"이곳에서 최근에 대출을 가장 많이 받은 사람은 얼마나 받았어요?"

"이 아파트에서 평수를 넓혀 이사 가는 사람들은 주로 어느 단지로 가요?"

"어디에서 살던 사람들이 가장 많이 이사 오나요?"

"아이들 학원은 주로 어디로 다녀요?"

"최근 집값이 왜 이렇게 떨어졌어요?"

"몇 년 동안 계속 올랐던데 왜 이렇게 올랐어요?"

"대출이자가 훨씬 싼데 왜 월세를 사는 사람들이 많아요?"

내가 부동산중개소를 방문할 때 꼭 묻는 내용이다. 이 지역에는 어떤 사람들이 살고 있는지, 왜 여기에 살고 있는지, 어디에서 왔는지, 또 어디로 갈 것인지, 대출을 얼마나 받았는지 등 컴퓨터 앞에 앉아서 얻을 수 없는 데이터는 중개업자를 통해 얻어야 한다.

부동산 투자는 사람에 대해 알아야 하는 일이라 내 관심은 언제나 사람이다. 이런 질문이 유용한 또 하나의 이유는 중개업자의 능력을 평가할 수 있고, 신뢰할 만한 사람인지 어떤지도 판단할 수 있기 때문이다. 만약 제대로 답하지 못하고 얼버무리거나 엉뚱한 대답을 하는 중개업자라면, 그 사람과는 굳이 거래를 시도할 필요가 없다.

보통은 내가 한 가지 질문을 던지면 중개업자는 두세 가지 이상의 이야기를 해준다. 예를 들어 나는 학원에 대해 물어봤을 뿐인데, 영어유치원에 관한 정보와 유능한 과외 교사들이 어느 지역에서 어떻게 오는지까지 들려주기도 한다.

질문하고 경청하고, 또 질문하고 경청하라. 중개업자는 신이 나서 내가 미처 생각하지 못했던 부분, 깜짝 놀랄 만한 정보까지 알려줄 것이다.

🏠 공감과 칭찬

"요즘 거래가 잘 안 돼서 힘드시죠?"

부동산 거래가 도무지 이루어지지 않던 어느 겨울, 중개소에 들어가면서 건넨 첫인사다. 사실, 그때는 나도 힘들던 참이었다. 부모님이 이사를 하셔야 해서 부모님 아파트를 꼭 팔아야 하는데 거래가 동결되면서 팔리지를 않았기 때문이다.

"어휴, 요새 집 보러 오는 사람이 통 없어서 아주 죽겠어요."

"저도 이 집을 꼭 팔아야 하는데 큰일이에요."

서로 힘들다고 하소연하고 맞장구치며 이야기를 주고받았다. 아파트를 팔아야 한다는 말 외에 나에 대한 정보를 말한 것도 아니고 사적인 이야기를 한 것도 아닌데, 어느새 중개업자와 나는 친해져 있었다.

비록 내 의견과 다를지라도 중개업자가 하는 이야기에는 토를 달거나 반대 의견을 내지 않는 게 좋다. 공감의 반응만 하면 된다. 예를 들면 이렇다.

거래가 안 돼 힘들다는 이야기를 하면, "저런, 어떡해요. 정말 힘드시겠어요."

내가 처음 듣는 소리를 하면, "그래요? 신기하네요."

나와 다른 의견을 이야기하면, "아, 그렇군요."

재미있는 이야기를 하면, "하하하하하!"

중개업자는 나의 비즈니스 파트너다. 호의적인 관계를 유지하는 것은 내 수익을 위해서도 중요하다.

칭찬도 관계를 형성하는 데 좋은 방법이다. 과거 부동산 공인중개업자의 전형적인 이미지가 '복덕방 할아버지'였다면, 요즘엔 젊은 사람도 많고 여성도 많다. 특히 여성 중개업자 가운데는 외모가 출중한 경우가 적지 않아서 나는 느낀 대로 찬사를 바친다.

"소장님, 진짜 미인이세요. 이 동네는 예쁜 사람만 부동산 중개하시나 봐요."

"어머, 아들이 중학생이라고요? 미혼인 줄 알았어요. 누가 아이 엄마로 봐요."

"혹시 배우 이미연 닮았다는 소리 많이 듣지 않으세요?"

없는 말을 지어서 하면 불쾌해하지만 어느 정도 사실에 바탕을 두고 기분 좋게 표현하면 상대의 얼굴에는 금세 함박웃음이 피어난다. 실제로 자기관리를 잘해 나이보다 젊어 보이고 옷차림도 근사한 중개업자들이 많다.

물론 지식과 업무 능력에 대한 칭찬이 더 중요하다. 정책이나 세법의 변화를 민감하게 읽어내고 구체적으로 정확하게 설명해주는 중개업자들을 종종 만나는데, 이런 이들은 부동산중개업뿐 아니라 투자를 겸하고 있는 경우가 대부분이다. 이럴 때는 모르는 부분을 솔직하게 질문하고, 설명을 듣고 나면 감탄사를 아끼지 않는다.

"혹시 투자도 같이 하고 계세요? 어쩌면 이렇게 많이 아세요?"

"세무사도 겸업하셔야겠어요. 저는 세법이 제일 어렵던데 정말 대단하세요."

어떤 중개업자는 내가 가지고 있는 부동산의 취득일과 매도 예정일을 알려주면 양도세가 가장 적게 나오도록 계산해주겠다며 호의를 베풀기도 했다. 이처럼 알짜 투자 정보나 세금 문제에 밝은 중개업자가 많다. 능력에 감탄하며 한껏 칭찬하면(칭찬이 절로 나온다) 뜻밖의 도움을 받을 수 있다.

아이들을 데리고 다니니 자녀 교육에 대해 조언해주는 중개업자들도 심심치 않게 만났다. 아이들이 조금 더 자라면 공인중개업자 자격증을 따서 개업하라는 소리도 많이 들었다. 그러다가 은근슬쩍 자식 자랑이 이어진다. 명문대를 다니거나 변호사, 의사, 교사가 된 자녀 자랑부터 '사' 자 사위를 얻은 딸 자랑까지 나는 진심으로 즐겁게 듣는다. 상대방이 즐거워하는 이야기에 깊은 관심을 표현하면 호감을 살 수 있다.

"아이들이 엄마 닮아서 공부를 잘하나 봐요."

"어쩌면 그렇게 자녀들을 잘 키우셨어요. 부러워요."

"무슨 학원 보내셨어요? 과외는 얼마나 시키셨어요?"

자녀 교육은 억지로 한다고 되는 게 아니라서, 자녀를 훌륭하게 키운 인생 선배들에게 더 많은 이야기를 듣고 싶은 것도 사실이다. 어떤 때는 부동산 이야기보다 자녀 교육에 대한 이야기를 더 많이 듣고 나올 때도 있다. 아이를 키우는 엄마로서 덤으로 얻는 소득이기도 하다.

25

관계의 기본,
기브 앤 테이크

🏠 전화보다 방문

투자 지역이 멀 때는 우선 전화를 해서 정보를 얻어야 한다. 그러나 급매물 정보나 그 외 고급 정보를 전화로 얻기는 쉽지 않다. 중개업자 입장에서 상대가 매수 의사가 있는지 없는지를 전화상으로는 가늠하기 힘들기 때문이다. 그래서 전화로 문의하면 상투적인 답변과 인터넷에서 충분히 얻을 수 있는 수준의 정보만 얻게 된다.

나는 공부가 목적인 지역이라면 마음 편히 전화를 돌리지만, 투자가 목적인 지역은 직접 방문한다. 젖먹이까지 데리고 멀리서 방문한 우리 가족을 보고 중개소마다 놀라곤 했다.

내가 살 집이든 투자할 집이든 집을 사는 일은 정말 중요하다. 그러니 온 정성을 들여야 한다. 한 중개소에서 보여주는 물건 가운데서 고르지 말고, 몸은 좀 고되겠지만 여러 곳을 방문해 가장 좋은 물건들을 추려내고 그 가운데 하나를 선택하라.

몸을 움직여야 한다. 전화로 연락처를 남기며 "좋은 물건 나오면 전화 주세요"라고 한다 해서 연락이 오진 않는다. 어렵고 귀찮은 방법, 즉 멀리서라도 직접 찾아가는 것이 중개업자를 감동시키고 내 절실함을 전달하는 가장 효과적인 방법이다. 그래서인지 급매로 좋은 물건이 나오면 가장 먼저 나에게 연락해주던 중개소도 있었다.

2,000억 원대 자산가로 알려진 YG엔터테인먼트 양현석의 이야기는 유명하다. 2004년 홍대 인근의 중개소에 처음 갔을 때 그는 "제가 지금 가진 돈이 없는데, 부동산을 살 방법이 없겠습니까?"라고 물었다. 그날부터 8년간 그는 하루도 빼놓지 않고 중개소에 들러 3,500원짜리 김치찌개를 먹으며 많은 부동산 정보를 얻었다. 현재 사옥도 경매로 저렴하게 낙찰받은 건물이라고 한다.

비록 초기 자본이 적어도 투자하고 싶은 마음이 간절하고 그 간절함을 전달할 수 있다면 돈이 많은 투자자보다 더 좋은 물건, 더 좋은 기회를 얻을 수 있다. 또한 8년간 부동산을 매일 방문했다는 이야기는 그만큼 오랜 기간 부동산에 대해 공부했다는 것이다. 많은 시간을 들여 어렵게 한 투자가 효자 노릇을 한다는 사실을 나 역시 경험으로 알게 됐다.

투자자의 목표는 참으로 간단하다. 적은 금액으로 안전하게 투자하는 것이다. 그 목표를 달성하는 데 가장 큰 역할을 하는 사람이 바로 중개업자다. 그러므로 투자자와 중개업자는 서로 존중하고 협력하는 우호적인 관계를 유지해야 한다.

🏠 작은 선물 큰 소득

2012년이었을 것이다. 천안·아산 지역에 전세고 매물이고 간에 거래 물건이 씨가 말랐던 적이 있다. 전화하는 중개소마다 물건이 없다는 대답뿐이었다. 상승할 것이 불 보듯 뻔한 상황이라 포기할 수는 없었다.

온라인 오픈마켓에서 주스 선물세트 열 상자를 구입했다. 할인 쿠폰을 써서 한 상자에 7,000원꼴로 구입했는데 유리병이라 묵직하니 가격에 비해 고급스러웠다. 차 트렁크에 주스 상자를 싣고 또 온 가족이 출동했다. 아파트별로 가장 성의를 보이는 중개소 한두 곳에 친절한 설명에 감사드린다며 주스 상자를 건넸다. 아이들을 데리고 대전에서 온 젊은 부부에게 뜻밖의 선물을 받자, 중개업자들은 미안해서 어쩔 줄을 몰라 했다.

"뇌물 받았으니 물건 나오면 꼭 연락 줘야겠네."

"그럼요. 다른 데 연락하지 마시고 꼭 저한테 연락 주세요. 제가 오늘 내부구조는 다 봤으니까 소장님 믿고 집도 안 보고 살게요."

물건이 없어 한 군데도 집을 못 보여준 중개소에서는 밥 먹고 가라며 중국집에서 음식을 배달시켜주어 밥까지 얻어먹었다. 그렇게 며칠간 열 군데를 다녔더니 정말로 연락이 많이 왔다. 마침내, 가장 투자금이 적게 들어가는 구조로 로열동·로열층 아파트를 살 수 있었다.

🏠 요구는 마지막에

선물하고 질문하고 경청하고 자식 자랑도 들었으니, 이제는 내가 원하는 것을 요구할 차례다. 끝까지 기분 좋은 대화가 될 수 있도록 애교도 좀 부려야 한다. 상대방이 "예스"라고 할 수 있도록 대화를 이끌어가는 것이다.

내가 원하는 것은 언제나 로열동·로열층 급매다. 그런데 돌아오는 대답은 "로열동·로열층은 급매로 사기 어렵다"라는 게 십중팔구다. 이때는 '전에 좋지 않은 동의 저층을 샀다가 지금까지 팔리지 않아 고생'이라며 있는 말 없는 말 다 동원해 하소연해야 한다. 그러면 중개업자도 "그렇긴 하지요"라고 대답할 수밖에 없다.

만약 리모델링이 되어 비싸게 나온 집을 보여주면 이렇게 말하면서 가격 협상을 유도한다.

"인테리어는 주관적인 거라… 제 눈에는 별론데요. 게다가 몇 년 전에 수리한 건데 그 비용을 다 내기도 그렇고요. 차라리 분양 당시 그대로여서 싸게 나온 집을 사겠어요."

경쟁 물건이 다른 중개업소에 따로 있다는 사실도 넌지시 알린다.

"아까 다른 데서 물건을 보고 온 참인데 남편은 자꾸 그 집이 마음에 든다고 하네요. 좀 깎아주면 이게 나을 것 같은데…."

손님을 놓칠 수 있기에 중개업자는 가격 협상을 더 적극적으로 신속하게 진행한다. 가끔은 매도자에게 이 사실을 알려 심리적으로 압박하기도 한다.

"매수자가 지금 다른 집하고 이 집하고 무얼 선택할까 고민 중이에요. 매수자 있을 때 가격 조금 낮춰서 빨리 파세요."

깎아주면 매수하겠다는 의사를 분명히 하는 것도 필수다. 기껏 가격을 협상해놓고는 남편하고 상의해본다더니 감감무소식이거나, 계약을 해놓고 정작 계약금은 보내지 않는 손님을 중개업자는 매우 싫어한다.

웬 후줄근한 차림의 아줌마가 아이를 둘러업고 와서는 집값을 깎아달라고 하면 깎아주고 싶은 마음이 안 들 것이다. 정말로 집을 살지 알 수가 없으니 말이다. 그래서 나는 돈을 준비해왔음을 꼭 밝힌다. 정말로 살 사람이다 싶으면 상대의 태도는 눈에 띄게 달라진다. "시어머니한테 얘기해봐야 해요", "남편한테 허락받고요"라는 식으로 결정권자가 따로 있음을 암시하면 될 협상도 안 된다.

또한 매수 대기자는 많은데 매물이 적은 경우가 있다. 가격 협상이 가장 힘든 경우다. 이때는 중개업자를 확실하게 내 편으로 만들어야 한다.

"소장님, 중개수수료는 제가 20만 원 더 챙겨 드릴게요. 저한테 꼭 연락 주세요."

이렇게 말하면 표정이 밝아지고 싱글벙글하는 경우가 있는가 하면, 믿을 수 없다는 듯 시큰둥한 반응을 보이는 경우도 있다. 이때 나는 가까이 다가가서 손가락으로 중개수첩을 가리키며 쐐기를 박는 한마디를 던진다.

"수첩에 빨리 별표 하고 적어놓으셔야죠. '김유라, 매수 시 수수료 20만 원 더 주기로 함' 이렇게요."

그러면 다들 재미있다고 깔깔 웃으며 알았다고 한다.

매수할 때 중개수수료를 조금 더 내면 전세계약도 수월하게 이뤄진다. 전세 거래 시에도 조금 더 넉넉하게 주면 다음에 매도할 때 내 물건이 VIP 물건이 될 확률이 높다. 전에는 중개수수료를 '복비'라고 했다. '복을 가져다주는 비용'이라는 뜻 아니겠는가. 그러니 중개수수료는 아끼지 말자. 적게 주고 크게 얻을 것이다.

26
가격 조정에
유리한 상황들

🏠 중개소를 잘 골라라

중개업자와 우호적인 관계를 맺기 위해 애쓰는 목적은 하나, 좋은 물건을 싸게 사기 위해서다. 그러니 처음부터 중개소를 잘 골라야 한다. 좋은 물건이 숨어 있을 가능성이 큰 곳을 공략하라는 뜻이다.

첫째, 매도측 중개소를 찾아가라. '네이버 부동산'에 물건을 올려놓은 중개소는 그 물건을 가지고 있는 매도인 쪽의 중개소다. 등기부등본상 매도인의 이름을 정확히 알아야만 물건을 올릴 수 있기 때문이다. 매도측 중개소와 접촉해야 매도 사유와 매도자의 정보를 알아낼 수 있어 협상이 유리해진다.

매도측 중개소 중 물건을 풍부하게 가지고 있는 중개소를 가장 먼저 방문하고, 그다음에 다른 중개소를 차례로 방문하라. 다른 중개소에서 몇몇 물건을 보고 왔다는 사실만으로도 충분히 경쟁심을 유도할 수 있어 최고의 물건을 소개받을 확률이 높아진다. 한 중개소에서 모든 물건을 보는 것은 협상의 우위를 중개업자에게 넘겨주는 꼴이다. 가격을 협상하기보다는 그저 달콤한 말들로 계약을 종용할 것이다.

둘째, 공유되지 않는 부동산을 공략하라. 내부 수리 상태가 양호하고 집주인의 사정으로 급하게 나온 매물이 있다고 치자. 시세보다 저렴해서 굳이 다른 중개소와 공유하지 않아도 충분히 거래할 수 있는 물건이다. 그래서 정말 좋은 매물은 중개소 한 군데에 숨어 있을 확률이 높다.

또한 공유되는 매물은 가격 협상의 여지가 있는지 어떤지를 확인할 길이 없다. 나와 동행하는 사람은 매수자 측 중개업자이기 때문이다. 매도 사유를 알면 협상의 여지가 커진다. 예를 들면 타 지역으로 발령이 나서 한 달 내로 이사를 가야 한다면 날짜를 맞추는 조건으로 가격을 깎을 수 있다.

🏠 급매 이유를 알아내라

급매로 나오는 물건의 매도 사유는 대체로 다음과 같다.

아파트를 분양받아 이사할 때

2014년에 시세보다 1,500만 원 저렴하게 집을 산 적이 있는데 바로 이 이유였다. 매도자 측에서는 매도 사유를 정확히 알려주지 않고 이사를 가야 해서 집을 판다고만 이야기했다. 궁금한 것은 못 참는 성격이라 그렇다면 갈 곳은 정해져 있느냐고 물으니 집이 팔리면 그때 정할 참이라고 했다.

우선 매도자 사정이 급하지 않다는 판단이 들었다. 갈 곳과 입주 날짜가 정해져 있는 매도자라면 마음이 급할 수밖에 없다. 만약 신규 아파트를 분양받았다면 집이 팔려야 그 돈으로 잔금을 치르고 입주할 수 있다. 기한 내에 잔금을 치르지 못하면 높은 이자를 물어야 한다. 그래서 신규 아파트의 입주 초기보다는 입주가 어느 정도 이루어지고 날짜가 임박했을 때 기존 아파트의 급매물이 나온다.

그러나 매도하고 난 뒤에 매수를 결정할 계획이라면 급할 것이 없다. 이 매도자 측이 그런 상황이었기에 큰 기대는 하지 않았다. 1,500만 원을 깎아주면 바로 계약금을 보낼 테니 연락을 달라고 하고 집으로 돌아왔다. 집은 마음에 들었지만 가격 조정이 쉽지 않아 보여서 마음을 비우고 있었다.

집을 보고 온 지 일주일쯤 지났을까, 밤에 중개소에서 전화가 왔다. 어차피 그 밤에 중개소에 갈 수도 없고 매도자의 계좌번호를 알아내기에도 너무 늦은 시간이라 일부러 전화를 받지 않았다. 간절히 가지고 싶을수록 그 마음을 드러내지 않는 것이 협상의 포인트다.

역시나 다음날 아침이 되자 문자메시지까지 왔다. 전화를 했더니 집주인이 1,500만 원을 깎아주기로 했다며 빨리 와달라고 했다. 속으로는 기뻐서 환호성을 지르고 싶었지만 급할 것 없다는 듯 집에 하자가 있는지 다시 한 번 확인한 후 결정하겠다고 답했다.

집을 방문했을 때 집주인 부부는 기분이 매우 좋아 보였다. 이유를 물으니 그동안 세종시의 아파트를 저렴하게 분양받았다고 했다. 그러면서 20년 된 대전의 아파트보다 세종시의 새 아파트가 훨씬 더 오를 테니, 이 아파트는 좀 싸게 팔아도 상관없다고 덧붙였다. 입주 시점까지 잔금을 지불하는 조건으로 계약을 마쳤다.

이처럼 매도 사유가 분양받은 아파트로 이사하는 것일 때는 가격을 깎기 쉽다. 해외 이민이나 지방 발령도 마찬가지다. 그래서 언제, 어디로, 왜 이사해야 하는지를 꼭 물어봐야 한다. 돈이 돈을 버는 것이기에 아파트 투자 초기에는 이익이 별로 남지 않는다. 투자 초기일수록 싸게 사는 것이 더욱 중요한 이유다.

만약 마음에 드는 집이 급매로 나왔는데 살 돈이 없다면 어떻게 해야 할까? 매매가가 3억 원이라면 대출은 2억 1,000만 원이 가능하다. 이때는 대출을 받아 미리 사서 매도자가 이사 나가기 전까지 한 달이나 두 달간 110만 원 정도의 원리금을 내면 된다.

이혼 예정이거나 이혼한 집일 때

시세보다 싸게 나온 아파트가 있어서 등기부등본을 떼어보니 부동산처분금지 가처분이 걸려 있었다. 중개업자에게 물어보니, 이혼 예정인 부부인데 부인이 남편 명의의 집에 가처분 신청을 한 것이라고 했다. 빨리 재산을 정리하고 이혼하고자 하는 사정으로 저렴하게 나온 집이었다. 중개소에서는 현재 부부가 별거 중이고 계약이 되면 부인이 가처분을 풀어주기로 했으니 걱정하지 말라고 했다. 그렇지만 당시 나는 초보였던지라 곤란한 일이 생길까 염려되어 매수하지 않았다. 지금이라면 잔금을 빨리 치르는 조건으로 매수했을 것이다.

이혼 예정인 경우와 마찬가지로, 이미 이혼을 하고 집을 팔 때도 가격을 깎기 쉽다. 중개소에 이렇게 말하면서 압력을 좀 넣는다.

"이 집에서 얼마나 지지고 볶고 싸웠겠어요. 이런 집을 누가 사겠어요? 깎아준다면 제가 사겠지만 안 깎아주시면 저도 별로 살 생각이 없어요."

대부분의 중개업자는 수긍하면서 매도자에게 전화를 걸어 설득한다.

일시적 1가구 2주택자가 비과세를 위해 매도할 때

집이 1채뿐일 때, 그리고 일시적 1가구 2주택일 때는 집을 팔아도 양도소득세를 내지 않는다. 그러므로 1가구 2주택이라면, 정해진 기간 내에 집을 팔아야 세금을 내지 않는다.

매도자가 이런 상황일 때 매수자 입장에서는 가격을 깎을 좋은 기회다. 매도자로서는 이 집을 팔아야 1가구 1주택이 되어 다른 집을 팔 때 양도세를 내지 않기 때문이다. 게다가 매매차익이 크면 세금이 수천만 원에 달할 수도 있기 때문에 서둘러 팔고 싶어 한다.

그런데 이처럼 절세를 위해 집을 내놓은 경우를 어떻게 알 수 있을까? 중개소에 물어봤는데 "팔 때 되니까 팔지요"라고 무성의한 답변을 하는 곳이 있다면, 매도자랑 친하지 않은 중개소이니 살포시 나오도록 하자. 매도자의 사정을 꿰뚫고 있는 중개업자가 가격 협상도 잘한다.

중개소에서 매도 사유를 알려주지 않으면 등기부등본을 떼어보고 유추할 수 있다. 나는 등기부등본을 뚫어지게 보며 매도인이 어디에 살고 몇 살이며 빚이 얼마나 있는지 등을 확인한다. 우선 대출이 많은지 적은지부터 본다. 매매가가 3억 원인 어느 집은 대략 계산해봤을 때 원금과 이자를 합쳐 다달이 100만 원은 나갈 듯하다. 반면 같은 가격에 같은 동인데 빚이 하나도 없는 집이 있다. 이는 경제적 여유가 있다는 뜻이고, 다른 집을 더 소유하고 있을 확률이 높다. 이때는 등기부등본상에 있는 매수가격을 보고 세금이 어느 정도 나오는지 눈치껏 계산을 해놓고 협상에 들어가면 된다.

등기부등본을 계약금을 송금할 때에야 떼어보는 것은 너무 늦다. 가격 협상을 하기 전에 마음에 드는 집 두세 군데의 등기부등본을 미리 떼어서 비교해가며 봐야 한다.

지저분한 집일 때

집을 보러 다니다 보면 아무래도 인테리어가 멋들어진 집이나 살림이 적고 청소가 잘 되어 있어 깔끔한 집에 마음이 쏠린다. 하지만 짐 빼고 나면 다 마찬가지다. 구조가 같은 집이라면 내부는 똑같다. 눈에 보이는 것에 흔들리면 안 된다. 도배는 새로 하면 되고 고장 난 곳은 수리하면 된다.

그러니 깨끗한 집보다는 지저분한 집을 골라라. 살림이 어지럽고 수리 상태가 엉망인 집은 다른 사람들도 매수하기를 꺼리므로 가격 협상에 유리하다. 도배지에 때가 살짝 탄 정도의 집과 도배지가 찢어져 귀신이 나올 것 같은 집 중에서 어떤 집을 더 많이 깎을 수 있겠는가? 그러나 도배를 새로 하는 데 드는 돈은 두 집 다 똑같다.

집 내부가 얼마나 깨끗한지 대신 볕이 잘 드는지, 조망이 좋은지, 단열이 잘되는지 등에 신경을 써야 한다. 단열이 잘되는 아파트인지를 파악하는 노하우를 공개하자면, 섀시를 교체한 세대가 어느 정도인지 살펴보면 된다. 똑같이 20년 된 아파트에 매매가가 비슷한데 어떤 곳은 고층에도 섀시를 교체한 곳이 많고, 어떤 곳은 1~2층도 교체한 곳이 거의 없다고 한다면? 당연히 후자가 단열이 잘되는 아파트다.

이민, 사망, 전세 만료 전

한번은 시세보다 1,500만 원 저렴하게 나온 집을 봤다. 화장실도 수리가 되어 있었고 도배가 깨끗하고 바닥은 데코타일이었다. 전등과 콘센트도 새것으로 교체되어 있었다. 동향이고 전망도 좋았다. 5월에 매물로 나왔는데 입주 가능일은 11월이었다. 반년 후에야 입주가 가능한 집은 잘 팔리지 않는다. 그래서 가격 조정이 쉽다.

전세가 1년 이상 남아 있는데 매도자 사정이 급해 매물로 나오는 경우도 많다. 집주인이 전세를 끼고 팔고자 한다면 돈이 급해서인 경우가 많으니 이때도 집값을 깎기 쉽다. 대출이 많은 집도 가격 협상에 유리하다. 빚이 많은 사람은 마음의 여유가 없어 어떻게든 팔고 싶어 조급해한다.

이 밖에 집값을 깎을 여지가 있는 경우로 집주인이 사망하기 전에 매도하고자 할 때, 상속·증여 등 재산을 정리하고자 할 때 등이 있다. 이민·해외 체류로 집을 관리하기 어려워서 빨리 처분하고 출국하고자 할 때도 그렇다.

물론 매수자가 적은 비수기나 수요에 비해 매물이 많을 때도 가격 조정이 쉽다. 단, 가격 조정에 유리한 상황이라고 해서 터무니없는 금액으로 깎으려 들어 매도자의 마음을 상하게 해선 안 된다. 이래서는 모처럼 좋은 기회를 놓칠 수도 있다. 부동산은 집보다는 사람에 집중할 때 투자에 성공할 가능성이 커진다.

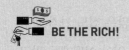

BE THE RICH!

부동산에서 성수기와 비수기는?

국토교통부 실거래가 공개시스템에서 월별 거래 건수와 임대료 시세를 파악하면 성수기가 언제인지 가늠할 수 있다. 대체로 8월과 1~2월을 성수기로 볼 수 있다. 8월은 여름방학 이사 수요와 가을에 결혼할 신혼부부 수요가 많고, 1~2월은 겨울방학과 학군 이사 수요, 봄 신혼부부 수요가 많다.

만약 고등학교 인접 지역이라면 11월 초인 수능철에는 이사하는 사람이 거의 없을 것이다. 전세를 놓을 때는 될 수 있으면 봄방학 이사철인 성수기에 맞추고, 실거주로 입주할 때는 비수기 급매를 공략하는 것이 좋다.

27

세입자가 편해야
집주인이 편하다

🏠 세입자는 고마운 존재

여러 채의 집을 소유하다 보면 아무래도 집을 관리하고 세입자 상대할 일이 많을 테니 힘들지 않느냐고 묻는 이들이 많다. 그러나 세입자를 존중하고 배려하면 세입자 역시 집주인에게 호의를 갖고 협조하기 때문에 힘들 일이 없다. 나는 세입자와 통화할 때 늘 감사하다고, 혹은 죄송하다고 말한다. 세입자가 살아주어 운 좋게 부동산을 소유하고 있으니 당연히 감사해야 하고, 수리 문제라도 생기면 내 집이니 당연히 죄송한 일이다.

　나는 아이 엄마가 되고부터 사람 상대하는 일이 편해졌다. 불편한 상황, 어려운 대화도 상대방의 기분을 상하게 하지 않고 부드럽게 풀어나갈 줄 알게 되었다. 아이를 키우다 보면 엄마들은 겸손해지는데(기대와 달리 내 아이가 완벽하지 않다는 사실을 깨닫게 된다는 것도 한 가지 이유다), 이 역시 도움이 되었다. 여성일 때는 '사모님' 남성일 때는 '사장님'이라고 깍듯이 부르며 겸손한 태도를 잃지 않았다. 나는 늘 세입자보다 나이가 어렸으므로 더욱 그랬다.

우리 세입자들은 늘 협조적이었다. 이사 나간 집이 이렇게 깨끗한 경우는 처음 봤다며 중개소에서 놀랄 만큼, 먼지 한 톨 없이 말끔히 청소를 해놓고 간 세입자도 있었다. 이사 얘기가 나왔으니 말인데, 이사 날짜를 정할 때도 세입자 입장을 고려해야 한다. 2년 후 계약 만기일이 명절일 수도 있다. 그런데 만기가 됐다며 곧이곧대로 명절 전날에 나가라고 하는 것은 예의가 아니다. 사람들이 이사하기 싫어하는 시기가 있다. 12월 31일이나 1월 1일, 중간고사나 기말고사 기간, 수능을 앞둔 10월과 11월에는 움직이기 싫어한다.

내가 남자였다면 또는 아이 엄마가 아니었다면 미처 생각하지 못했을 부분이다. 역시 부동산은 마음 씀씀이가 세심한 주부에게 딱 맞는 투자처다! 아파트 투자를 가장 잘할 수 있는 사람은 여자, 특히 아이 엄마라고 다시 한 번 확신한다. 가부장적이고 권위적인, 호통치는 아버지의 모습으로 집주인 노릇을 하려 들면 골치 아픈 일들이 생길 수밖에 없다.

세입자가 불편하지 않도록 해주어야 집주인도 편하다. 집에 문제가 생겼을 때도 신속하게 처리해야 한다. 집에 문제가 생겼을 때 처음에는 수리비만 보냈지만, 이제 웬만한 고장은 남편이나 내가 손수

고치는 수준에 이르렀다. 인건비를 아끼기 위해 시간이 허락하는 한 직접 가서 수리하고, 시간을 내지 못할 때는 업체에 전화를 걸어 견적을 받아보고 내가 수리 업자를 보낸다. 물론 돈도 아깝고 귀찮기도 한 일이다. 하지만 그렇다고 차일피일 미루다 보면 세입자의 불만이 쌓이고, 작은 공사를 큰 공사로 만들 수 있다. 말이 나오는 즉시 완벽하게 처리해야 한다.

수리가 끝난 후에는 세입자에게 확인 전화를 하면서 불편을 끼친 것에 대해 사과하는 것도 잊지 않는다. 수많은 세입자를 만나봤지만 무리한 요구를 하거나 집주인을 귀찮게 할 의도로 무언가를 고쳐달라는 사람은 보지 못했다. 평소 수리에 관해서 인터넷을 통해 익혀놓으면 견적을 내거나 직접 수리할 때 큰 도움이 된다.

🏠 세입자가 만기 전에 나갈 때

세입자가 계약 만료 전인데 이사를 가겠다고 할 때가 있다. 이때는 솔직하게 말한다.

"이 집을 2015년에 매수해서 전세 만기가 되는 2017년에 매도할 생각이었어요. 그런데 사모님이 1년 만인 2016년에 퇴거하시겠다고 하니, 새로 세입자를 들이면 2018년에야 집을 팔 수 있습니다. 전세 기간이 2년이니까요. 그러면 제 투자 계획이 틀어질뿐더러 다시 세입자를 들이는 데 도배비와 중개수수료 등 손해가 많아요. 그러니 이번에 중개수수료는 부담해주세요."

혹시 중개수수료를 낼 수 없다고 하면 이렇게 말한다.

"그럼 대신, 계약서 새로 안 쓰고 전전세 형식도 좋으니 나머지 기간 동안 살 세입자 구해놓고 만료 시에 퇴거하세요. 그럼 저는 괜찮습니다."

주민등록상 퇴거를 할 수 없으므로 세입자는 아무 말도 하지 못한다. 만기 전에 이사할 때는 세입자가 중개수수료를 내야 하는데(만기를 채우고 새 계약이 이뤄질 때는 집주인이 부담하는 부분), 이 규정을 모르는 사람도 있으므로 미리 협의해놓도록 한다.

매수한 지 1년이 지나면 일반과세가 된다. 그래서 세입자가 2년을 못 채우고 이사하기는 하지만, 그 시기에 목표수익이 실현될 수도 있다. 목표수익이 실현되었으면 굳이 전세를 다시 들이지 않고 매매를 할 수도 있다. 이때 매매를 한다면 그것은 매매이므로 집주인이 중개수수료를 부담하고, 전세를 구하게 되면 중간에 나가는 세입자가 부담해야 한다고 얘기한다. 세입자는 보증금을 빨리 받아 이사를 가야 하니 열심히 집을 보여줄 것이다. 중간에 세입자가 나가는 일은 소액투자자에겐 불편한 일일 수도 있지만, 예상치 못하게 매매를 해서 투자금과 수익을 일찍 회수하게 되기도 한다.

🏠 세입자가 만기 시 나갈 때

다음 세입자로부터 받아야 보증금을 내줄 수 있다는 점에 대해 양해를 구하고, 집을 보여주는 수고로움에 대해 미안한 마음을 전한다.

"저도 전세를 살고 있기에 여윳돈이 없어서 전세금을 내드리기가 어렵습니다. 그래서 다음에 들어오실 분과 같은 날짜로 맞춰서 이사해주셔야 하는데 괜찮으시겠어요? 그렇게만 해주신다면 이사 날짜는 언제든 상관없습니다. 번거롭게 해드려 죄송합니다."

상대방에게 어린아이가 있다면, "아기가 있어서 힘드실 텐데 번거롭게 해서 죄송합니다."

상대방이 맞벌이 부부라면, "일하느라 바쁘시고 주말에 쉬셔야 할 텐데 번거롭게 해서 죄송합니다."

상대방이 전업주부라면, "집 때문에 어디 가시지도 못하고 신경쓰게 해드려서 죄송합니다."

집주인인 내가 보여줘야 하는데 세입자가 그 역할을 대신하니 당연히 고맙고 미안해해야 한다.

중개소에서 세입자가 집을 보여주지 않아 힘들다는 얘기가 나오면, 세입자에게 치킨 한 마리를 보내며 메시지를 곁들인다.

"요즘 집 보여주느라 힘드시죠? 저녁에 시원한 맥주랑 드세요. 고맙습니다."

세입자를 안심시키는 것도 중요하다.

"계약금 받자마자 다음 집 구하실 수 있게 전액 드릴게요. 집 구하실 시간은 충분히 드리겠습니다."

한편 세입자가 갈 집을 미리 구해놓지 않도록 당부하는 것도 잊지 말아야 한다. 들어갈 날짜를 미리 정해놓으면 들어올 세입자를 그 날짜에 맞는 사람만 구해야 해서 쉽지 않다. 들어올 세입자가 먼저 정해지고, 거기서 받은 보증금을 주면 그 돈으로 집을 구하러 다니는 것이 순서임을 잘 설명해야 한다. 가끔 미리 집을 구해놓아서 들어올 세입자와 날짜가 맞지 않아 계약이 어려운 경우가 종종 생긴다.

매도나 전세 재계약이 생각보다 빨리 되지 않을 때 세입자에게 먼저 전화를 걸어 희망을 심어주는 것도 좋다.

"그동안 몇 분 정도 보고 가셨나요? (상대의 얘기를 듣고) 생각만큼 빨리 안 나가서 걱정이에요. 그동안 집 보여드리느라 고생 많이 하셨어요. 조금만 더 부탁드려요. 부동산중개소에서 집이 수리가 잘되어 있어서 금방 나갈 것 같다고 하더라고요."

속으로는 최악의 경우를 걱정하더라도 세입자와 대화할 때는 긍정적이고 좋은 소식을 전해야 한다. 그래야 일도 좋은 쪽으로 풀린다.

🏠 세입자가 계속 거주하고 싶어 할 때

세입자는 계속 거주하고 싶어 하는데 매도를 해야 할 때가 있다. 주인이 집을 파는 걸 달갑게 여기지 않는 세입자가 일부러 집을 지저분하게 하거나 바쁘다며 집을 보여주지 않는 경우가 더러 있다. 심하면 중개소의 전화를 아예 피하기도 한다.

협상의 기본은 항상 '상대방에게 최대의 이익을 주는 것'이다. 사람들은 어떻게 하면 내 이익을 많이 얻을까 고민하는데, 그렇게 하면 모든 것을 놓친다. 경험상 세입자를 최대한 배려하고 그에게 이익이 되도록 생각했을 때 내가 가장 많은 것을 얻었다. 돈을 받는 건 나지만, 그 집을 관리하고 거주하는 것은 세입자이기 때문이다.

매도하고자 할 때는 가장 먼저 세입자를 찾아가 지금 살고 있는 집을 매수할 의사가 있는지 물어본다. 매수할 의사가 없다고 하면, 그다음으로는 더 거주하고 싶은지 이사를 하고 싶은지를 물어본다. 만약 전세로 더 거주하기 원한다면 이렇게 얘기하자.

"제가 중개소에 사모님이 2년 더 거주하고 싶어 하신다고 얘기해 놓을게요. 전세 투자자 위주로 모셔오라고 하겠습니다. 투자자 입장에서는 세입자 안 구해도 되고 수리 안 해도 되니 훨씬 좋지요. 혹시 실거주자가 입주한다고 하면 어쩔 수 없이 나가셔야겠지만 아직 만기까지 많이 남았으니 충분히 가능해요."

매도가 되어도 세입자가 원하는 대로 전세로 계속 살 수 있다고 안심시키는 것이 포인트다. 집을 팔아야 하니 무조건 나가라고 말하는 것보다 세입자가 유리한 부분과 긍정적인 측면을 부각하는 것이 좋다. 혹시 세입자가 나중에 말을 바꾸어 불편한 논쟁이 생길 수 있으므로 중요한 협상 내용은 문자메시지나 음성통화 녹음을 해서 보관하도록 하자.

나도 실제로, 아파트를 매도하고자 하는데 세입자가 계속 전세로 살기를 원한 적이 있었다. 노력한 결과 투자자인 매수자를 찾을 수 있었고 세입자는 재계약을 해서 계속 거주할 수 있었다. 투자자 위주로 매도를 하겠다는 나의 말 한마디에 세입자가 정말 고마워서 나도 행복했다.

🏠 전세 만기 시 매도가 어려울 때

전세 만기가 됐는데 집이 팔리지 않은 채 시간이 흐른다면 묵시적 갱신 혹은 2년 재계약 가운데 하나를 선택해야 한다. 이럴 때는 집이 팔릴 때까지 세입자가 몇 달 더 거주하는 것이 집주인 입장에서는 가장 좋다. 그렇지 않으면 재계약을 해서 또다시 2년을 보내야 하기 때문이다.

이 협상에서도 '상대방에게 최대한의 이익을 주는 것'이 기본이다. 최대한의 이익을 주는 것의 출발점은 바로 내가 최선을 다하는 모습을 보여주는 것이다. 투자는 대부분 전세 가격이 급등하는 지역을 중심으로 이뤄진다. 이런 점에서 세입자에게 전세금을 올리지 않은 채 몇 달을 더 거주할 수 있다는 이점을 강조한다. 그리고 세금 문제 때문에 올해 내로 매도해야 하는 나의 안타까운 사정도 감정에 호소한다. 앞서 말했던 여러 노하우로 세입자와 우호적인 관계가 조성되어 있다면 그리 어렵지 않게 OK를 얻어낼 수 있다.

혹시 세입자가 '묵시적 갱신'이라고 말을 바꾸는 일이 일어나지 않도록, 이 부분도 문자메시지와 음성녹음으로 자료를 확보해놓는 것이 중요하다. 내 세입자 가운데는 한 번도 말을 바꾸거나 거짓말을 해서 나를 곤란하게 한 사람이 없어 그런 자료를 쓸 일이 없긴 했다.

세입자가 만기 시에 집을 구입했거나 타 지역으로 발령이 나서 무조건 이사를 나가야 하는 경우도 있다. 이런 때 집이 팔리지 않으면 세입자에게 전세보증금을 돌려주지 못해 더욱 마음이 조급해지고 걱정이 된다. 이때는 세금 문제 때문에 집을 지금 팔 수밖에 없다고 사정을 잘 이야기하고, 죄송하지만 집이 팔리면 즉시 보내드릴 테니 그때까지만 기다려달라고 양해를 구한다. 대부분이 펄쩍 뛰지만 돈이 없어서 줄 수 없다는 집주인 입장을 결국은 헤아려준다. 혹시 세입자가 대출을 받아 이사를 가게 되면 이자는 대신 부담하겠다고 해야 한다. 그런 식으로 세입자가 최대한 손해 보지 않는 방향으로 이야기를 끌어간다. 아무래도 비수기를 피해 시간을 한두 달 더 확보하면 매매가 될 확률이 올라간다.

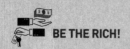
묵시적 갱신

임대차기간이 만료되었는데 임대인과 임차인 간에 계약에 관해 특별한 의사표시가 없을 경우, 현재의 임대차 관계를 존속시키는 것을 말한다. 즉, 계약기간이 자동으로 연장된 것으로 본다. 이는 임차인의 권리를 보호하기 위한 것으로, 이후 기간 중 임차인은 언제든지 임대인에게 계약해지를 통지할 수 있고 통지한 날로부터 3개월이 경과하면 나갈 수 있다. 반면 임대인은 해지권이 없어서 이전 계약 조건의 기간을 지켜야 한다.

CHAPTER 6

간단하게 수익률 높이는
셀프 리모델링

/28

싸게, 예쁘게, 자신 있게!

🏠 **도배는 전문가에게 페인트칠은 내 손으로**

수리를 잘해놓으면 내 집의 경쟁력이 급격히 높아진다. 나는 주로 1990년대에 지어진 옛날 아파트에 투자하기 때문에 수리는 필수이기도 하다. 이렇게 수리를 해놓으면 경기가 호황일 때는 다른 집보다 높은 값을 받을 수 있어서 좋고, 경기가 불황일 때는 다른 집은 안 팔려도 내 집은 팔릴 가능성이 크니 이 또한 좋다.

"집수리를 내가 혼자서 어떻게 해."

울먹이다시피 하는 남편의 얼굴을 보니 혼자 보낼 수가 없었다. 난생처음 하는 일도 죽이 되든 밥이 되든 도전해보는 성격의 나와는 달리, 비닐하우스 속의 참외처럼 자란 남편은 두려움에 떨었다. 하는 수 없이 온 가족이 출동했다. 첫째가 세 돌, 둘째가 7개월쯤 되어 배밀이를 하느라 바닥에만 내려놓으면 빙글빙글 돌던 무렵이었다.

이런 일을 하게 될 줄은 꿈에도 몰랐지만, 이렇게 생애 최초의 셀프 집수리가 시작되었다. 아이들은 그림책과 장난감, 뻥튀기와 함께 방에 들여보내고 남편과 나는 페인트칠을 시작했다. 처음에는 서툴고 시간도 오래 걸렸지만 경험이 쌓이면서 요령을 터득했다. 페인트 칠의 기본은 다음과 같다.

1. 칠할 곳 선정

보통 나무로 된 방문, 창틀·문틀, 몰딩, 그 외 현관문과 베란다 벽을 칠한다.

- 방문, 창틀, 몰딩: 반광 유성 페인트, 시너, 헤라
- 베란다: 수성 페인트, 물
- 현관문: 에나멜페인트, 래커

2. 부자재 구입

최대한 빠르게 끝내야 하므로 수성 대신 유성 페인트를 사용한다. 무광은 때가 잘 타고 유광은 너무 번들거리므로 반광 페인트가 좋다. 시너를 섞어 사용하면 뻑뻑하지 않아 얇게 잘 칠해진다. 단, 베란다의 벽과 천장은 수성 페인트를 쓰는 것이 좋다.

페인트는 가장 무난하고 깨끗한 흰색으로 구입하고, 그 외에 시너 · 롤러 · 붓 · 트레이 · 마스킹 테이프를 준비한다. 그리고 보호장구도 필요하다. 페인트칠을 할 때는 몸에 묻지 않도록 꼭 작업복을 입고 장갑을 낀다. 보안경도 착용해야 한다.

3. 마스킹 테이프 붙이기

페인트가 튀면 잘 닦이지 않기 때문에 칠해야 할 부분 외에는 묻지 않도록 마스킹 테이프를 꼼꼼하게 붙여야 한다. 안 그러면 페인트칠보다 뒤처리가 더 힘들어진다.

4. 방문 페인트칠

붓보다 롤러가 빈틈없이 얇고 예쁘게 칠해진다. 한 번 칠하면 말린 다음 최소한 한 번은 더 칠해주어야 색이 곱게 잘 나온다. 마르기 전에 칠하면 얼룩덜룩 두꺼워지고 벗겨질 수 있다.

방문은 페인트가 흘러내려 덩어리째 굳어버리기 쉬우니 스테인리스 헤라로 긁어낸 다음 두 번째 칠을 한다.

5. 창틀 페인트칠

장판이나 유리에 페인트가 묻지 않도록 마스킹 테이프를 잘 붙이는 것이 가장 중요하다. 가끔 유리에 페인트가 묻은 집을 보면 정말 아쉽다. 만약 페인트가 묻었다면 휴지에 시너를 묻혀 재빨리 닦아내자.

6. 문틀 페인트칠

창틀, 문틀에는 대개 시커멓게 먼지가 끼어 있다. 신문지를 물에 적셔 꼼꼼히 넣어놓았다 빼면 신문지에 흡착되어 먼지가 잘 제거된다. 묵은 먼지를 제거하지 않고 칠하면 하얀 페인트에 검은 먼지가 섞여 들어간다. 페인트가 너무 많이 묻어 두껍게 칠해지면 문을 여닫을 때 뻑뻑할 수 있다. 얇고 가볍게 두 번 칠한다는 생각으로 페인트를 조금씩 묻히자.

7. 몰딩 페인트칠

몰딩 주변에 덮여 있는 도배지를 칼로 떼어내고 작업해야 전체적으로 골고루 칠할 수 있다. 도배를 하지 않을 계획이라면 그대로 두고 보이는 곳만 칠해도 괜찮다. 붓이나 초소형 롤러로 역시 가볍게 한 번 칠하고 말린 후 다시 한 번 칠한다. 누리끼리한 몰딩이 새하얗게 변하면 새집 같아진다.

8. 베란다 페인트칠

베란다용 페인트는 수성이므로 물에 살짝 희석해서 쓰면 얇게 칠할 수 있다. 곰팡이가 있다면 분무기에 락스 원액을 넣어 수시로 뿌려주면 어느 정도 사라진다. 철 수세미로 박박 문지르면 더 많이 제거된다. 검은 곰팡이 자국이 회색이나 흰색이 될 때까지 닦아내고 며칠간 건조시킨 후 작업에 들어가야 한다.

9. 곰팡이 제거와 단열재

곰팡이는 다른 곳도 꼼꼼히 살펴 완전히 없애야 한다. 가구를 들어낸 벽면에 곰팡이가 피어 있을 때 그대로 도배를 하면 곰팡이가 다시 번식한다. 세입자는 참고 살 수도 있겠지만 매수자라면 곰팡이 핀 집을 사려 하지 않을 것이다. 눈 가리고 아웅 식으로 도배로 가리려 하지 말고 최대한 제거해야 한다.

곰팡이를 제거하고 난 뒤 단열재를 시공해도 좋다. 곰팡이가 다시 생기는 것을 예방하고 냉기도 막을 수 있다. 한겨울의 빌라에서

❶ 벽에 곰팡이가 피었다면 최대한 제거하고 충분히 건조시킨 다음 도배를 해야 한다.

❷ 도배를 하기 전에 단열재를 시공하면 곰팡이도 방지하고 난방비도 절약할 수 있다.

❸ 마지막으로 도배를 하고 장판을 깐다.

거실에 매트 대신 단열재를 깔아놓고 사용해봤더니 효과가 매우 좋았다. 보일러를 틀지 않아 얼음장 같은 바닥인데도 냉기가 올라오지 않았다.

단열재 시공은 도배업체에서 해주지 않는다. 그렇다고 인테리어 업체에 곰팡이 부분 단열을 의뢰하면 꽤 비싼 금액을 부른다. 그래서 나는 단열재와 본드를 구입해 직접 시공하는데, 최고급 제품이 10만 원쯤 한다. 추운 날 벽에 등을 기대고 있으면 따뜻함을 느낄 수 있다. 난방비까지 절약되니 시공해볼 만하다.

처음에는 도배도 직접 했다. 일곱 번쯤 해봤는데 천장은 도저히 하기가 힘들었다. 그래서 이제는 전문가에게 맡긴다. 남편과 내가 며칠에 걸쳐 하던 일을 하루 만에 끝내는 모습을 보고, 인건비가 들더라도 업자에게 맡기는 것이 돈을 절약하는 길임을 알았다.

29

내 아파트
경쟁력 높이기

🏠 아이와 함께 수리를

"여보, 어제 도배 끝났다고 하니 오늘은 수리하러 가요."

첫째와 둘째를 일찌감치 유치원에 보내놓은 뒤 남편과 나는 셋째를 데리고 집을 나섰다. 1시간 반을 달려 아파트에 도착해서는 돗자리부터 폈다. 그 위에 요를 깔고 눕혀놓으니 아기는 칭얼대지도 않고 얌전히 있다.

그때부터 남편과 나는 재빠르게 움직이기 시작했다. 필요한 곳을 쉬지 않고 손보면서 구석구석 청소를 했다. 그러는 사이 아기가 울면 기저귀를 갈아주고 품에 안아 수유도 했다. 우리 부부도 라면을 끓여 허기를 달랬다. 굳이 돈 주고 짜장면을 시켜 먹느니 라면이 낫겠다 싶어 버너를 준비해온 것이다. 첫째와 둘째도 함께 왔다면 구색 갖춘 도시락을 싸왔을 것이다. 그런데 이제는 제법 컸다고 페인트도 만지고 공구도 가지고 놀려고 해서 언제부턴가 세 아이를 모두 데리고 일하기가 힘들어졌다.

서둘러야 했다. 유치원에서 아이들을 데려오려면 해가 지기 전에 끝내고 돌아가야 한다. 때 타고 먼지 쌓인 집을 내 손으로 구석구석 쓸고 닦을수록 20년 된 아파트가 점점 빛이 났다. 마지막으로 바닥을 윤이 나도록 닦고 뻐근한 허리를 두드리며 집 안을 둘러보니 마음이 상쾌하고 뿌듯했다.

중개소에서 세입자에게 집을 보여주고 나서는 전화가 왔다.

"집이 완전 깨끗해졌던데요? 손볼 곳이 없겠어요. 계약하겠답니다."

세입자는 이번에도 역시 신혼부부였다. 20만 원이 채 안 되는 돈을 들인 덕에 내가 원하는 세입자, 내가 원하는 금액으로 전세계약이 성사되었다.

2년 후 계약이 끝났을 때도 집은 깨끗한 상태였다. 깨끗한 집에는 깨끗한 사람이 들어온다는 믿음, 예쁜 집에는 예쁘게 사는 사람만 들어온다는 믿음은 지금까지 한 번도 깨진 적이 없다.

🏠 샹들리에의 마력

내가 수리한 집 주방에는 모두 샹들리에가 달려 있다. 이 반짝이는 전등 하나로 여자의 마음을 사로잡을 수 있기 때문이다. 샹들리에를 보고 '이 집에 살고 싶다' 라는 마음이 드는 사람은 여자일 확률이 높고, 집은 여자의 마음에 들어야 한다.

반짝이고 예쁜 것을 좋아하는 사람은 집을 깨끗하게 유지하고 예쁘게 꾸미고 살 가능성이 크다. 결국 집을 손상하지 않고 도배지도 더럽히지 않아 장기적으로 보면 큰 비용 절감 효과를 가져다준다. 그러니 조명에 신경을 쓰는 일은 결코 괜한 짓이 아니다.

집에 샹들리에를 달면서 신혼부부들이 주로 들어오기 시작했다. 나는 신혼부부가 세입자로 들어오는 것을 좋아한다. 신혼부부들은 임대료를 연체하거나 집을 손상하는 불편한 상황을 만들지 않는다. 지금까지 단 하루도 월세를 밀린 적이 없고, 단 한 명도 도배지에 낙서를 하거나 더럽힌 사람이 없다.

그렇게 선순환이 일어난다. 나는 신혼부부를 타깃으로 집을 꾸미고 신혼부부는 그 집을 더욱 예쁘고 향기롭게 해준다. 그래서 더욱 세입자에게 감사한 마음을 갖는데, 놀라운 것은 세입자들도 내게 고마워한다는 사실이다.

사진에서 백열등이 들어가는 샹들리에는 3만 5,000원, LED가 들어가는 밝은 샹들리에는 5만 원에 구입했다. 인터넷에서 사도 되고 동네 조명가게에서 사도 된다. 직접 가서 구입할 때는 임대업을 하고 있다고 밝히고 단골 거래를 할 테니 저렴하게 해달라고 부탁하는 것도 좋다. 설치는 조명가게에서도 해주지만, 도배하는 분들에게 부탁하고 약간의 추가 비용을 지불하는 편이 좋다.

조명 하나로 집 안 분위기를 완전히 바꿔놓을 수 있다. 최근에는 LED등이 대세다.

나는 집수리의 완성은 조명이라고 생각해서 더 저렴한 것이 있어도 한 단계 높은 가격의 전등을 구입한다. 또 전구가 2개 들어가는 것보다는 조금 비싸도 가장 밝은 3구짜리를 쓴다. 3구짜리는 사용하다 전구 1개가 수명이 다해도 불편함 없이 그대로 사용할 수 있다. 그러나 2구짜리는 나머지 1개만 남아 방을 어둡게 한다. 불빛이 밝아야 집이 환해 보이고 2년 후에도 집이 잘 나간다. 요즘은 유행이 지난 샹들리에보다는 모던한 블랙 칼라의 LED등을 주로 달고 있다.

세입자가 집을 망가뜨린다면?

의외로 많은 이들이 돈 들여 수리한 집을 세입자가 험하게 써서 망가뜨리지는 않을까 염려한다. 그런 세입자도 있겠지만 나는 한 번도 경험하지 못했다. 보통은 계약기간이 끝나 보증금을 내줄 때 파손된 부분이 있는지 확인한 후 장기수선충당금을 돌려주는 편이다. 장기수선충당금이 너무 적어 10여만 원밖에 되지 않을 때는 중개업소를 통해 반드시 집에 하자가 없음을 확인하고 나서 보증금을 내준다.

전국에 있는 아파트의 전세 만기 때마다 일일이 갈 수가 없으므로 장기수선충당금과 보증금제도를 잘 활용하여 수월하게 관리하고 있다. 한번은 집 상태를 확인한 후 보증금을 내주겠다고 미리 이야기해두었더니, 세입자가 입주 청소를 하듯 깨끗하게 치워놓고 이사해서 중개소 소장님이 놀라기도 했다.

전세계약을 할 때 특약사항에 '파손 시 원상 복구한다'라고 한 줄만 써넣으면 충분하다. 없는 애교라도 만들어내 웃으면서 "수리했으니까 깨끗하게 써주세용" 한마디만 하면 된다. 집이 손상되었다 해도 집주인에게는 보증금이라는 무기가 있으므로 크게 걱정할 필요 없다.

30
디테일이
분위기를 좌우한다

🏠 수리 없이 쾌적한 욕실 만들기

페인트칠도 끝났고 도배도 했고 단열재 시공도 마쳤다. 조명도 새로
달았다. 싱크대도 서랍 안까지 구석구석 닦고 유리창도 뽀득뽀득 닦
아냈다. 이 정도만 해도 환골탈태다. 하지만 아직도 남은 일이 많다.

여자들은 디테일에 민감하다. 싱크대는 얼룩 없이 말끔한데 실리
콘 부분에 곰팡이가 피어 있거나 너덜너덜해진 게 있으면 매의 눈으
로 잡아낸다. 새로 도배를 해서 벽은 깨끗하지만, 스위치가 누렇게
변색되어 있거나 콘센트에 먼지가 잔뜩 끼어 있으면 이 역시 여자의
눈을 피해 갈 수 없다. 도금이 벗겨진 문손잡이나 퀴퀴한 냄새, 신발
자국이 찍혀 있는 장판도 감점 요인이다.

욕실에는 더욱 예민하다. 더러운 방은 참아도 지저분한 욕실은 못 참는다. 욕실은 물기 없이 보송보송해야 하며 물때나 곰팡이가 끼어 있으면 우울해진다. 욕실을 수리하려면 비용이 많이 든다. 워낙 고난도 작업이라 직접 하기도 쉽지 않아 더욱 청소에 신경을 쓸 수밖에 없다. 오래된 욕실은 대부분 실리콘 부분이 온전치 못하다. 이때는 실리콘 총 하나면 쉽게 해결할 수 있다.

1. 거울과 세면대, 욕조의 실리콘을 조각칼처럼 생긴 실리콘 제거 칼로 남김없이 제거한다. 하루 동안 건조시키는 게 좋은데, 그럴 시간이 없으면 헤어드라이어로 물기를 완전히 없앤다.

2. 실리콘은 투명한 제품이 아니라 반드시 백색으로 구입한다. 곰팡이가 덜 생기는 욕실용 실리콘이 따로 있다.

3. 실리콘 총의 끝부분을 펜치로 납작하게 눌러 오리 주둥이처럼 만든다. 이렇게 하지 않으면 실리콘이 왕창 쏟아져 나와 울퉁불퉁해지므로 작업이 힘들다.

4. 실리콘 총을 쏜 다음 검지에 침을 묻혀 쓰윽 한 번만 문질러준다. 몇 번 해보면 감각이 생길 것이다. 경험상 가장 쉬우면서도 작업 효과가 확실한 작업이다. 침이 마음에 안 들면 물을 묻혀도 괜찮지만, 욕실은 건조한 상태에서 작업하는 것이 중요하니 물은 될 수 있으면 안 쓰는 게 좋다.

이렇게 실리콘만 하얗게 새로 바르고 물기만 없애도 욕실이 훨씬 쾌적해진다.

🏠 방문 손잡이는 최신형으로

방문 손잡이를 보면 옛날 집인지 요새 집인지를 알 수 있다. 요즘 지어지는 집들은 기다란 바 형태의 손잡이를 쓰는 데 비해 오래된 아파트의 손잡이는 모두 테니스공처럼 동그랗다. 아무리 집이 깨끗해도 구형 손잡이를 보면 집의 나이를 새삼 실감하게 된다.

1. 방문에 페인트를 칠하기 전에 문손잡이를 분리해낸 다음 칠이 마르면 손잡이도 새것으로 교체한다.

   이때 주의사항이 있으니 절대 혼자 있을 때 하지 말 것! 문손잡이가 제대로 장착되지 않았는데 바람이라도 불어 갑자기 문이 닫히면 난감한 사태가 발생한다. 문손잡이를 교체하고 나서는 잠금장치가 제대로 작동하는지 확인한 후 여닫아야 한다. 한번은 잠금장치가 고장 난 것을 모르고 욕실 문을 닫았다가 열리지 않는 사태가 발생했다. PET병을 잘라서 문틈에 넣고 1시간 넘게 비비느라 손에 물집이 다 잡혔고, 그렇게 하고서야 겨우 문을 열 수 있었다.

2. 손잡이는 개당 8,000원 남짓 하는 제품이면 충분하다. 오프라인 매장에서는 앞에 숫자 1이 더 붙으니, 온라인을 뒤지는 것이 좋다.

3. 장비는 드라이버와 송곳만 있으면 된다. 송곳은 기존 문손잡이를 빼낼 때 필요하다. 잠금장치 쪽에 있는 작은 구멍 속에 넣고 꾹 눌러야 문손잡이를 분리할 수 있다.

손잡이를 바꾼 것만으로도 분위기가 확 달라진다.

🏠 스위치는 심플하게

도배를 새로 했다면 더더욱 스위치를 교체해야 한다. 도배지가 지저분할 때는 스위치에 묻은 때도 표시가 나지 않지만 도배지가 깨끗해지면 유독 눈에 띄게 된다. 하루에도 몇 번씩 만지기 때문에 때가 가장 잘 타는 부분이기도 하다.

내가 애용하는 스위치는 가장 저렴하면서 디자인이 심플한 위너스(winners) 제품이다. 지인이 지은 고급 단독주택에 놀러 갔다가 같은 스위치가 있어 반가웠다. 심플한 것을 좋아하는 지인의 눈에 가장 예쁜 스위치였다고 한다.

굳이 비싼 것을 구입할 필요가 없다. 색깔이 들어가거나 무늬가 있는 제품은 유행이 지나면 촌스럽게 느껴질 뿐이다. 호불호가 갈리지 않도록 무난한 스타일이 제일 좋다.

1. 전기를 차단하고 기존 스위치를 벽에서 분리한다.
2. 내부를 잘 살펴보며 하나씩 선을 뺀다. 선을 뺄 때 일자 드라이버로 꾹 눌러야 하는 부분이 있으니 일자 드라이버를 준비한다.
3. 처음 상태대로 선을 똑같이 연결해 새 스위치로 교체한다.

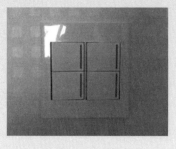

스위치 교체는 초보자도,
여성도 누구나 할 수 있을 만큼 쉽다.

🏠 닦아도 소용없는 콘센트

처음에는 돈을 아끼려고 콘센트를 교체할 생각은 하지 않았다. 콘센트 구멍에 들러붙은 찌든 때를 '매직 블록'으로 박박 문지르고 물걸레로 마무리했다. 그런 다음 전등 작업까지 모두 끝내고 두꺼비집을 올렸다. 그런데 두꺼비집이 자꾸 내려가는 게 아닌가. 콘센트 안에 물기가 들어가 누전이 된 것이다. 날은 어두워지는데 한동안 전기가 들어오지 않아 애를 먹었던 기억이 난다.

콘센트는 아무리 닦아봐야 깨끗해지지 않을뿐더러 누전의 위험도 있으니 꼭 새것으로 교체하자.

1. 드라이버를 이용해 벽에서 분리한다.
2. 스위치를 교체할 때처럼 새 콘센트에 선을 그대로 연결하면 된다. 잘 모르겠다면 선을 한꺼번에 빼지 말고 하나 빼고 하나 끼우는 식으로 한다.

겉보기엔 어려울 것 같지만,
누구나 할 수 있을 만큼 쉽다.

옆에서 지켜보며 관심을 보이는 아이들에게 몇 년 후에는 직접 해보게 할 생각이다. 방문 손잡이나 스위치, 콘센트 교체는 초등학생만 되어도 할 수 있다. 스스로 고쳐보면서 독립심과 책임감 같은 덕목을 배우기를 기대한다. 일손이 셋이나 더 늘어나니 수리가 훨씬 수월해지겠다는 계산속도 있다. 이를 두고 꿩 먹고 알 먹는다고 하는 게 아닐까.

31

기다리는 마음,
만남의 기쁨

🏠 후각을 자극하라

수리와 청소를 완료했으니 이미 시각적으로 만족스러운 집으로 거듭났다. 그렇다면 그다음에는 무엇이 필요할까?

　KTX 역사 인근 대유타운아파트를 매도할 때 여러 가지로 불리한 상황이었다. 비수기인 데다 실수요자들보다 투자자들이 많이 몰려왔고 라인도 좋지 않았다. 그런 탓에 집을 내놓고 나서 한 달 동안 공실 상태였다. 집은 꽃단장을 한 채 목을 빼고 기다리는데 사람이 들어오질 않았다. 어떻게 하면 세입자를 들어오게 할 수 있을까 많은 고민을 했다.

　그때 처음으로 '냄새'에 생각이 미쳤다. 막 수리를 끝낸 뒤인 데다 사람이 살지 않아 환기를 제대로 할 수 없으니 집에서는 퀴퀴한 냄새가 났다. 기대를 안고 현관문을 열고 들어섰는데 좋지 않은 냄새부터 난다면 어떤 기분이겠는가.

그래서 현관 입구에 과일 향이 나는 방향제 하나를 놓아두었다. 이제 집을 보러 오는 사람들은 새콤달콤한 향기로 이 집과 첫 만남을 갖게 될 것이었다. 집의 넓이가 있기 때문에 방향제는 향이 조금 강한 것으로 골랐다. 가격은 1,000원이었다. 실제로, 얼마 안 돼 세입자가 들어왔다.

🏠 폭신한 슬리퍼 두 켤레

나는 장판이 찢어지지 않은 한 새로 교체하지 않는다. 대신 묵은 때를 싹 벗겨내고 거울처럼 반들반들해질 때까지 몇 번이고 닦아놓는다. 그렇게 티끌 하나 없이 닦아놓았는데 집을 보러 온 사람들이 신발을 신은 채 장판 위를 마구 걸어 다닌다면 내 노력은 헛수고가 될 것이다. 또한 집을 보고 간 세입자의 입에서는 이런 말이 나올 것이다.

"바닥이 더럽던데 장판도 해주세요."

장판을 교체하려면 수십만 원의 비용이 든다. 중개소를 통해 신발 신고 들어가지 말라고 당부할 수도 있겠지만, 가장 효과적인 방법이 따로 있다. 슬리퍼를 사서 현관문 앞에 가지런히 놓아두면 된다. 군이 말하지 않아도 사람들은 자연스럽게 신발을 벗고 슬리퍼로 갈아 신은 뒤 집 안으로 들어간다. 장판이 더러워지지 않는 이점이 있을 뿐만 아니라 청결하다는 이미지를 줄 수 있다. 이에 더해 포근하고 안락한 느낌도 줄 수 있다. 부드럽고 폭신한 슬리퍼를 신고 집을 다 돌아볼 즈음에는 '이 집에 살고 싶다'는 생각을 하게 될 가능성이 크다.

사실 이 노하우는 투자를 나보다 더 오래 한 지인에게 배웠다.

🏠 행운의 말소리

전세살이 8년 만에 실제로 들어가 살 내 집을 마련하려 수십 군데의 아파트 1층을 보러 다닐 때였다. 1층은 거래가 빈번하지 않아 가격을 낮게 부르는 경향이 있는데, 제법 높은 가격으로 나온 집이 있었다. 가보니 인테리어가 썩 잘되어 있는 것도 아니고 가격이 높을 이유가 없었다. 그런데 중개업자가 갑자기 집주인의 자녀들 이야기를 시작했다.

"여기가 아들은 의사에 딸은 사법고시 패스한 집이에요."

집주인은 쑥스러운 듯 웃기만 했으나, 중개사는 계속 자녀들 이야기를 했다.

"자녀들을 어쩌면 그렇게 잘 키우셨어요? 정말 부럽습니다. 비법 있으면 좀 알려주세요."

집에 대한 설명은 없고 이 집 자녀들이 학교 다닐 때 얼마나 공부를 잘했으며 얼마나 성공했는지만 이야기하는 것이었다. 처음에는 조금 황당하기도 했지만 듣고 있자니 이왕이면 일이 잘 풀리는 집에서 살고 싶다는 생각이 들었다. 다른 집보다 1,000만 원이나 비싸 결국 매수하지 않았지만, 그 집을 보고 난 뒤부터 나도 청각 자극을 활용하게 되었다. 임대나 매매물건을 내놓을 때 거주자에 대한 사적인 정보를 조금 오픈하는 것이다.

이를테면 세입자가 공무원이라 월세를 한 번도 밀린 적이 없고 아이를 키우는데도 집을 얼마나 깔끔하게 관리하는지 놀랐다든가 하는 식이다. 우리 집에 이사 오는 신혼부부들은 모두 아들딸을 낳는다(당연한 소리 같지만 초혼 연령이 늦고 난임이 많은 시대에 이는 큰 복이다), 터가 좋아서 좋은 아파트 분양받아 이사 간다(망해서 이사 가는 것보다 훨씬 좋지 않은가)는 식이다.

중개소에 물건을 내놓을 때마다 설명해야 하는 번거로움이 있지만 좋은 사람이 살다가 좋은 일이 있어서 이사 간다는 이야기는 빼놓지 않는다. 시각과 후각, 촉각에 이어 청각을 자극하는 것이다.

🏠 세입자의 기쁨은 나의 보람

이처럼 수리를 공들여 하는 것은 내 집의 경쟁력을 높이기 위해서이기도 하지만, 깨끗한 집을 보고 좋아하는 세입자를 보는 것이 보람되기 때문이기도 하다.

7,300만 원에 매수한 아산의 아파트가 1년 만에 1,000만 원 남짓 올라 8,500만 원이 되었을 때다. 매매가가 오르면 대출을 더 많이 받을 수 있으므로 월세로 전환하려고 마음먹었다. 그런데 전세자금대출이 많이 알려지면서 기존에 월세를 살던 세입자들이 전세로 마음을 돌리기 시작했다. 월세가 35만 원인 데 비해 전세자금대출은 월 20만 원의 이자만 내면 되니 당연했다.

아쉬운 대로 투자금을 모두 회수하기로 했다. 한마디로, 내 돈이 들어 있지 않고, '은행 돈 + 세입자 돈'으로만 부동산을 소유하는 것이다. 선순위로 대출 3,600만 원을 받고 후순위로 5,000만 원에 전세를 놓았다.

선순위대출이 3,600만 원이나 들어 있었는데, 어쩐 일인지 LH에서 전세자금대출을 승인해줘 세입자가 들어오게 되었다. 다른 집에서 월세로 살던 세입자로, 자녀가 대학생이었다. 집이 워낙 낡아 수리를 해주는 조건이었다.

세입자가 서류 곳곳에 사인하고 있는 모습을 보고 있는데 문득 한 줄의 문구가 눈에 들어왔다. 임대기간 2~10년 중에 1회에 한해 LH가 도배와 장판 비용을 지원한다는 내용이었다(이 부분은 꼭 전화해서 확인해보시라. 특별한 소득 계층에 한하여 도배와 장판 비용을 지원해준다는 규정이 있다).

"이게 무슨 뜻이에요?"

LH 직원은 10년 중 한 번 받을 수 있으니 나중에 받아도 된다는 식으로 어물쩍 넘어가려 했다. 게다가 자신보다 나이 많은 세입자에게 얼마나 퉁명스럽고 고자세로 말하는지 옆에서 지켜보기가 불편했다.

나는 세입자에게 LH에 지원 요청을 해달라고 부탁했다.

"수리하는 데 돈이 꽤 듭니다. 원하시는 신발장도 키큰장으로 넣어드리기로 했는데 도배와 장판 좀 도와주세요."

세입자는 흔쾌히 허락했다.

"제가 수리를 열심히 예쁘게 해놓을 테니 깨끗하게 써주세요."

"제가 월세는 살아도 집은 깨끗하게 써요."

그런 뜻이 아니었는데…. 세입자의 그 말이 얼마나 가슴 아팠는지 모른다.

LH에서 지원받을 수 있게 도와준 보답으로 나는 약속하지 않은 화장실 수리도 해주었다. 단돈 60만 원의 재료비로 남편과 함께 전문가 못지않게 완벽하게 했다.

수리가 끝난 집에 세입자의 예쁜 대학생 딸이 와서 기뻐하는 모습을 보면서 나 또한 기쁘고 행복했다.

LH 전세임대주택

LH의 전세지원정책이다. 세입자가 집주인의 동의를 얻어 LH와 집주인이 계약을 하면, LH가 세입자에게 낮은 이율로 재임대를 해주는 형식이다. LH 전세임대로 들어오는 세입자를 꺼리는 집주인들이 있다고 들었는데, 내 경험으로는 불편한 일이 전혀 생기지 않았다.

그런데 당시 아산 아파트의 경우 선순위자 은행 채권 최고액이 3,600만 원이었는데 어떻게 승인이 난 것인지, 지금 생각해도 지금도 의아하다. 만약 그 집이 경매로 넘어간다면 후순위인 LH의 보증금은 온전히 보전할 수 없기 때문이다.

복부인이 경험한
소액투자 실전 사례

32

2,000만 원으로 산 23평 대전 진달래아파트 (2010년)

나는 컨설팅을 받아 투자해본 적이 없다. 받았다가 투자를 취소한 적은 한 번 있는데, 다시는 받아볼 생각이 없다. 수익률도 중요하지만 내가 얼마나 훌륭한 투자자로 성장하느냐가 더 중요하기 때문이다. 그래서 옆구리에 부자노트를 끼고 맞든 틀리든 되지도 않는 분석을 하면서 어제도 오늘도 밤을 꼬박 새운다.

컨설팅업체가 추천하는 물건에 대한 자료를 모으는 것도 내가 내는 수익률이 컨설팅업체와 비교해서 어느 정도인지 궁금하기 때문이다. 그동안 내가 다녀온 현장에 관한 자료들도 모두 모아두었다. '여기 말고 저기 투자할 걸!' 하고 후회할 때도 있지만 이 모든 것이 나의 성장에 도움이 되리라고 믿는다.

이번 장에서는 지난 6년 동안 투자했던 사례 중 몇 가지를 소개하고자 한다. 최근의 투자 얘기는 일부러 뺐다. 투자 정보가 아니라 투자 방법을 소개하는 것이 목적이기 때문이다. 생각보다 매매차익이 적게 난 투자도 있다. 하지만 이런 경험도 소중하게 생각하기에 부끄러워하지 않고 싶는다. 나 같은 실수를 반복하지 않았으면 하는 마음에서 초보 시절의 실수도 그대로 담았다.

🏠 드디어 마련한 내 집

내가 처음으로 아파트를 산 때는 2010년, 대전 월평동의 진달래아파트였다. 초 · 중 · 고교가 밀집되어 있고 지하철역과 매우 가까운 입지다. 대전에서는 둔산 지구가 가장 상권이 발달한 곳이지만, 둔산지구 내 20평대 아파트 가운데 지하철역이 이처럼 가까운 곳은 진달래아파트 한 군데뿐이다.

내가 오랫동안 거주했던 지역이라 쉽게 매수를 결정할 수 있었다. 당시 한 달 만에 1,000만 원이 오를 만큼 전세가와 매매가가 동시에 상승하던 추세였다. 그야말로 '꼭지'였지만 망설이지 않고 매수했다. 가격이 오르든 내리든 내 집 1채는 꼭 있어야 한다는 생각이었다. 우선 전세를 주었다가 2년 동안 열심히 돈을 모아 우리가 입주하는 것이 목표였다.

표에서 보면 매수가와 전세가의 차이가 2,000만 원밖에 나지 않는다. 즉 집값이 떨어져 봐야 2,000만 원 이상 떨어질 수 없는 상황이었

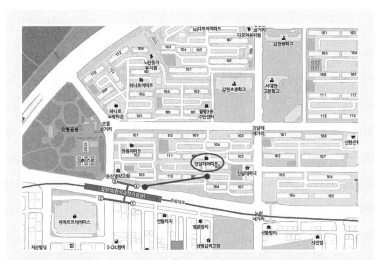

지하철역 170m, 초·중·고 200m, 은평공원·이마트 트레이더스 300m, 갑천둔치 500m, 정부청사역과 두 정거장, 시청역과 세 정거장으로 직장·주거 근접 입지다.

🔽 대전 23평 전세 투자 예

(단위: 만 원)

매수가격		17,000	평단가: 739
매도가격		19,900	
전세보증금		15,000	전세가율: 88%
기타 비용	각종 세금	374	
	중개수수료	85	
	수리비	–	
	총계	459	
실제 투자금		2,459	
매매차익		2,541	
전체 수익률		103.3%	

다. 세입자는 LH에 근무하는 연구원으로 직장에서 전세자금을 대출해 줘 부담 없이 입주할 수 있었다. 그렇게 나는 첫 번째 집을 마련했다.

🏠 3년간 100%의 수익을 내다

매수 1년 후인 2011년, 세입자가 타 지역으로 발령받아 이사를 가야한다고 했다. 이때도 전세가 귀해 보증금 500만 원을 올려 1억 5,500만 원에 중개소 열 군데에 내놓았다. 어린아이가 있었음에도 세입자가 집을 얼마나 깨끗하게 관리해주었던지 도배도 하지 않고 두 번째 세입자로 신혼부부를 맞이했다.

오랜 기간 공급이 없었던 탓에 전세가와 매매가가 폭등했던 대전은 시민들의 불만이 높아지자 아파트를 공급하기 시작했다. 2013년 말부터 도안신도시와 세종시에 신규 입주가 연달아 예정되어 있다는 사실을 알고, 전세계약이 만료되는 2013년 4월에 매도하기로 했다. 애초 실거주를 목적으로 매수한 아파트지만 뱃속의 셋째까지 아들이라니 1층이 아닌 곳에 거주하기가 몹시 부담스럽기도 했다.

매물로 내놓은 지 얼마 되지 않아 중개소에서 연락이 왔다.

"지금 세입자가 아기 데리고 이사하기도 불편하니, 500만 원쯤 깎아주시면 매수해서 계속 살고 싶다고 하네요."

나는 세입자의 나이와 직업을 알고 있었다. 직감적으로 그가 돈이 많으며 매수 의사가 강하다는 것을 느끼고 전화를 걸었다.

"시세가 있는데 500만 원은 불가능합니다. 100만 원 정도는 깎아드릴 의향이 있어요. 다만 매수 희망자들이 중개소에 꾸준히 온다고 하니 일주일 안으로 결정해주시면 감사하겠습니다."

사흘 만에 연락이 와서 시세 2억 원보다 100만 원을 낮춰 매도계약을 했다.

🏠 매도는 6월 1일 이전에

매도는 가능한 한 6월 1일 이전에 하는 것이 좋다. 재산세가 6월 1일 등기부상 소유권자 기준으로 나오기 때문이다. 4월에 계약을 체결하면서 5월 중순에 셋째를 출산할 예정이니 그 전에 잔금을 치렀으면 좋겠다고 이야기했다. 그런데 매수자는 굳이 6월 초에 잔금을 치르겠다며 양보하지 않았다. 결국 5월 16일 출산하고 6월 5일에 갓난쟁이를 안고 다니며 각종 매도 서류를 떼어 매도자에게 가져다주었다. 결국 재산세를 내야 하게 되었지만, 원하는 타이밍에 적절한 금액으로 매도하여 100%의 수익률을 올렸기에 기쁜 마음으로 낼 수 있었다.

/33

700만 원으로 산
충남 아산 설화초원아파트
(2012년)

🏠 없는 매물을 찾아서

2012년 초, 전세든 매매든 천안·아산 지역에는 눈을 씻고 찾아봐도 물건이 없었다. 엄마들 커뮤니티에 들어가 검색을 해봤다. 천안·아산으로 발령을 받아 이사를 해야 하는데 전셋집이 없어 천막을 치고 살아야 할 판이라며 다들 아우성이었다. 신혼부부들이 많이 가입하는 인테리어 카페에도 들어가 봤다. 신혼부부들과 어린아이를 키우는 젊은 부부들이 좋아하는 아파트에 투자하는 것이 목표였기에 댓글까지 꼼꼼히 읽었다.

여윳돈이 거의 없었지만 가격이 상승할 게 눈에 빤히 보여 가만히 있을 수가 없었다. 인터넷에도 올라온 물건이 없었다. 그런데 문득,

현장에 가면 한두 개는 존재할 수 있겠다는 생각이 들었다. 네이버 부동산에 매물 등록을 하려면 중개소에 돈을 내야 하는데, 이렇게 물건이 귀한 터에 누가 굳이 돈을 들여 매물을 올리겠는가 싶었다.

그래서 아산으로 달려갔다. 그 많은 아파트 단지를 돌아다녔는데 전세물건이 하나도 없다니, 정말 놀라웠다. 하지만 포기하지 않았다. 주스 세트를 선물하고 함께 밥도 먹으며 물건 내놓으라고 중개업자들을 괴롭혔다. 시간이 날 때마다 연락 없이 무작정 찾아가기도 했다.

"아이고, 전화 좀 하고 오지. 매물 없는데."

"괜찮아요. 그냥 지나다가 들렀어요."

아이 둘을 데리고 비가 오나 눈이 오나 찾아가는 정성을 보이자 결국 매물이 나타났다.

"가만있어 봐. 내가 아는 분이 팔까 말까 고민하는 중인데 전화 한번 해볼게."

그분은 새로 주택을 지어 1~2년 후에 이사할 예정이었는데 담보대출이 조금 있었다. 중개업자는 뭐하러 대출이자를 내냐며 지금 팔아서 빚 갚고 전세계약을 맺어 이사할 때까지 거주할 것을 권했다.

나는 외곽 지역의 아파트에 투자할 때 평단가를 유심히 본다. 그 아파트는 아산 좌부동의 설화초원아파트였는데, 평단가가 300만 원대로 신규 분양 아파트의 절반도 안 되는 수준이었다. 기본 건축비에 물가까지 고려하면 이보다 더 쌀 수는 없을 듯했다.

아산신도시에서도 가까운 편이었다. 경부선을 따라 수원-오산-평

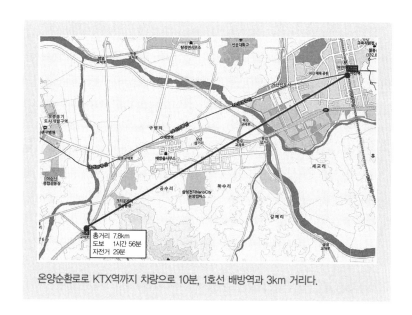

온양순환로로 KTX역까지 차량으로 10분, 1호선 배방역과 3km 거리다.

택-천안·아산을 아우르는 삼성벨트가 완성되고 있었고, 이를 중심으로 산업단지와 신도시가 형성 중이어서 인구가 꾸준히 유입될 전망이었다. 천안의 불당지구, 아산의 배방지구와 만나고 그 사이의 탕정지구에는 삼성디스플레이시티가 자리 잡고 있었다. 천안과 조금 떨어져 있기는 해도 그만큼 저렴한 가격이었고, 온양순환로를 통해 10분이면 천안에 갈 수 있었다. 마음에 꼭 드는 아파트였다.

🏠 계약서 작성을 망설이던 매도자

깎고 싶은 마음이 굴뚝같았지만 매물이 하나도 없는 터라 협상이 어려웠다. 이럴 때는 계약금을 최대한 빨리 송금하는 것이 좋다. 만나서 계약서를 작성하는 도중에 변심하거나 보류할 가능성이 크기 때문이다. 대부분 사람은 다른 것도 아니고 집을 팔 때는 자신의 선택을 확신하기 어려워 많은 고민을 하게 된다. 직접 거주하고 있는 집이라면 더욱 그렇다. 그러므로 매도자와 마주 앉아 계약을 진행하기 전에 계약금부터 보내는 것이 계약 성사율을 높일 수 있다.

여전히 팔까 말까 망설이는 매도자와 계약서를 작성하는 그 긴 시간 동안 나는 상대방이 변심할까 염려되어 끊임없이 즐거운 대화를 하려 애썼다. 매도자에게는 장성한 두 아들이 있어 그 아들에 관한 이야기를 유도했고, 지긋한 나이에도 맞벌이를 하는 매도자 부부에 대해 존경을 표하고 칭찬하는 이야기를 계속 했다. 마침내 서로 계약서를 확인하고 난 후 계약금을 송금할 수 있었다.

매매 7,300만 원에 계약을 했고 3,000만 원의 대출을 받았다. 나는 이 아파트를 사면서 난생처음으로 대출을 받아봤다. 매도자는 대출금액이 높은 것을 걱정했다. 우리 부부는 성실하게 일하고 있으므로 한 달에 10만 원 정도의 이자를 연체할 리 없다는 확신을 심어주었다. 겨우 10만 원의 돈을 연체하여 신용불량자가 되는 일은 없을 거라고 걱정하지 말라고 했다. 게다가 당시 전세 시세가 5,000만 원 정도였기에 저렴하게 전세로 살 수 있어 유리한 것이라는 인식을 심어주었다.

나는 매수와 동시에 거주하던 매도자와 4,000만 원의 전세계약을 맺고 658만 원으로 아산의 23평 아파트를 소유하게 되었다. 취득세

■ 아산 23평 전세 투자 예

(단위: 만 원)

매수가격		7,300	평단가: 317
매도가격		9,000	
대출금		3,000	월 대출이자: 10, 금리: 4%
전세보증금		4,000	전세가율: 55%
기타 비용	각종 세금	321	
	중개수수료	37	
	수리비	–	
	총계	358	
실제 투자금		658	
매매차익		1,342	
전체 수익률		204.1%	

와 등록세는 신용카드로 납부했다. 3,000만 원을 대출받았으므로 채권 최고액이 3,600만 원으로 높았지만, 그런 불리한 이야기는 세입자에게 굳이 자세하게 하지 않았다. 나를 적극적으로 밀어주는 중개업자가 있었기에 가능한 이야기였다. 더욱이 중개업자는 전세 중개수수료도 받지 않고 계약서를 써주었다. 감사한 마음에 매매 중개수수료를 법정 수수료보다 몇만 원 더 챙겨드렸다.

/34

2채로 700% 수익률을 낸
경북 칠곡 아파트 투자
(2012년)

🏠 지명은 칠곡, 생활권은 구미

아산에 아파트를 사고 나니 수중에 돈이 없어 당분간 투자는 그만해
야겠다 마음먹고 쉬고 있을 때였다. 울산·창원·거제의 산업단지
인근 집값이 무섭게 상승하고 있다는 소식이 들려왔다. 돈도 없었지
만 지나치게 오르는 추세라 그 지역은 투자할 마음이 들지 않았다.
그런데 구미에도 전세가 없어 난리라는 소리가 들렸다. 2010년 대
전, 2011~2012년 아산 전세대란의 기억이 떠올랐다.

　돈은 없었지만 구미가 당겨 구미 쪽을 알아보니, 1층이나 탑층처
럼 선호도가 떨어지는 집만 소수 남아 있었는데 그나마도 가격이 낮
지 않았다. 구미는 공업단지가 크고 그 근처에 아파트들이 있어 공장

굴뚝이 보이는 집들이 너무 많았다. 미관은 둘째 치고 건강에 좋지 않은 영향을 미칠 것 같아 꺼려졌다. 그런저런 생각을 하면서 구석구석 찾아 헤매고 다녔지만, 마땅한 매물을 찾을 수 없었다. 국토교통부 실거래가 사이트에 올라 있는 시세보다 500~1,000만 원가량 가격이 높은 매물만 가뭄에 콩 나듯이 나올 뿐이었다. 전·월세도 없고 공실도 없어 집의 구조를 보는 일조차 불가능했다.

내 집은 어디에 있을까, 지도를 보며 연구하다가 경상북도 칠곡군 석적읍 남율리라는 동네를 발견했다. 구미국가산업단지 1산업단지와 3산업단지 인근에 있으면서 개발이 덜 되어 공기가 맑은 곳이었다. 중개소에 물건을 내놓으면 구미에 있는 중개소에서 연락이 와 구미에 있는 중개소에서 계약이 체결된다고 했다. 다시 말해, 이름만

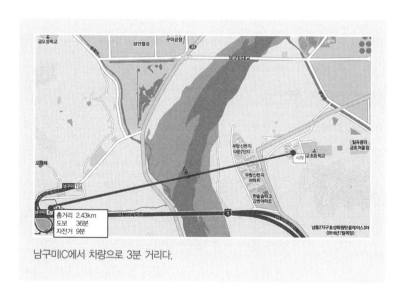

남구미IC에서 차량으로 3분 거리다.

칠곡일 뿐 실제 생활권은 구미인 곳이었다.

역시 내가 좋아하는 23평 계단식이었다. 전체 남향 배치에 단지 내 초등학교가 있어 그 지역에서 아이들을 둔 엄마라면 누구나 선호할 것 같았다. 게다가 구미 도심에 있는 아파트보다 가격이 저렴하고 외진 곳에 있어 공장 굴뚝이 보이지 않았다.

산업단지 인근이라 월세도 잘 나가는 편이었다. 일테면 LG 기숙사는 입소하면 5년 후에는 퇴소해야 했는데, 그렇게 기숙사에서 나온 사원들이 많이 살고 있기도 했다. 답답하고 좁은 원룸 월세도 30만 원에 달하는데 40만 원으로 방이 3개인 아파트에 거주할 수 있으니 당연했다.

이처럼 임대수요가 풍부함에도 평단가가 매우 낮았다. '평당 339만 원으로 이렇게 훌륭한 아파트를 지었다니' 생각하면서 즉시 매수했다. 월세수익률을 계산해보니 연 11.7%에 달했다.

그러고 나서 또 다른 물건을 찾았지만, 물건이 나오지 않았다. 매매 7,500만 원, 전세 6,500만 원에 가격이 형성되어 있었는데 입주 가능한 물건이 하나도 없었다. 이렇게 매물이 귀할 때는 중개소끼리 물건을 잘 공유하지 않는다. 그래서 중개소마다 찾아다니며 연락처를 남겼다. 중개소에서 집을 꼼꼼히 봐준다면 내부를 보지 않고 계약금을 바로 보내겠다며 꼭 연락 달라고 신신당부를 했다.

하루는 첫째를 어린이집에 보내자마자 달려갔더니, 한 중개업자가 의아하다는 얼굴로 물었다.

"여기에 왜 투자하는 거예요? 무슨 호재라도 있나요?"

▣ 칠곡 23평 월세 투자 예

(단위: 만 원)

매수가격		7,800	평단가: 339
매도가격		9,200	
대출금		4,680	월 대출이자: 16, 금리: 4%
월세 임대	보증금	1,000	
	월세	40	월순익: 24(월세-월 대출이자)
기타 비용	각종 세금	343	
	중개수수료	39	
	수리비	-	
	총계	382	
실제 투자금		2,502	
실제 연수입		293	
연수익률		11.7%	

* 월세로 설명했지만, 실제로는 전세 투자를 했다.

알고 보니 그 지역은 대부분 세입자가 전세로 몇 년 거주하다 떠나는 곳이었다. 등기부등본을 몇 개 떼어보면 특이한 사항을 발견할 수 있었다. 하나는 집값과 거의 차이 없는 전세금으로 전세권 설정이 되어 있다는 것이었고, 또 하나는 전세권을 설정하는 사람의 직장이 삼성 아니면 LG라는 것이었다. 아마도 회사 내에 전세권 설정을 꼭 해야 한다는 얘기가 도는 듯했다.

🏠 집값보다 전세가가 높은 이유

마침내 매물이 나왔다는 연락을 받았다. 휴대전화로 사진을 몇 장

받아보고 누수와 곰팡이 등 중대 하자가 없음을 확인받은 다음 바로 계약금을 보냈다. 태국에서 거주하는 집주인이 때마침 한국에 들어온 김에 처분한 집이었다. 관리가 힘들어서 그랬다고 했다. 전세를 놓고 있는 집이었고 계약기간이 아직 6개월이나 남아 있었다. 투자금이 많이 들긴 했지만, 다른 매물이 없으니 선택의 여지가 없었다. 물론 가격이 오르리라는 확신이 없었다면 매수하지 않았을 것이다.

매매가가 7,800만 원이었고, 전세는 4,000만 원에 들어 있었다. 그러나 당시 전세 시세는 6,500만 원이었고, 나는 내가 매수한 집의 전세계약이 끝나는 6개월 후에는 전세가가 매매가를 넘어설 것으로 예상했다. 향후 2년간 입주물량이 단 하나도 없었기 때문이다. 그래서 딱 6개월만 쓸 요량으로 마이너스 대출 통장을 개설했다.

그런데 잔금을 치르는 과정에서 놀라운 사실을 알아냈다. 그때가 여름 비수기였는데 실거주자가 아니라 투자자들이 매물을 모두 사들이는 바람에 갑자기 전세물량이 늘어났다는 것이다. 그런 이유로 다른 투자자들은 잔금을 치를 때 전세를 맞출 수가 없었다고 한다. 내가 산 물건은 전세를 맞출 필요가 없기에 대출은 받았어도 오히려 마음이 편할 수 있었다.

6개월 후, 예상대로 전세가 시세가 매매가를 넘어 형성되었다. 7,800만 원에 매수하여 8,000만 원에 전세를 놓게 된 셈이다. 그 과정에서 약간의 문제는 있었다. 2배의 금액을 부르니 세입자가 기분이 상한 것이다. 대화를 할 때마다 말투가 퉁명스럽고 비협조적이었

▣ 칠곡 23평 전세 투자 예　　　　　　　　　　　　　　　(단위: 만 원)

매수가격		7,800	평단가: 339
매도가격		8,800	
대출금		–	
전세보증금		8,000	전세가율: 103%
기타 비용	각종 세금	343	
	중개수수료	39	
	수리비	–	
	총계	382	
실제 투자금		182	
매매차익		618	
전체 수익률		339.5%	

다. 2년 만에 전세금이 4,000만 원이 올랐으니 그럴 만도 했다. 나 역시 같은 경험이 있기에 충분히 이해하고도 남았다.

어쨌든, 전세금을 올려 받으면서 투자금은 거의 회수했다. 표에서 보듯이 세금과 수수료를 포함하여 투자금 182만 원을 들여 어마어마한 수익률을 냈다. 1년 후에는 전세가가 9,000만 원으로 또 올랐다.

대기업에 근무하는 세입자들이 많아 전세금을 올려주는 데 대출을 받는 사람을 한 명도 보지 못했다. 그리고 내가 조사한 결과 홑벌이인 경우가 눈에 띄게 많았다. 의아했던 점은 소득 수준이 높아 전세금은 얼마든지 올려줄 수 있는데도, 더욱이 매매가가 전세가보다 더 낮은데도 집을 사는 사람은 없다는 것이었다. 구미산업단지에서 일하는 사람들은 수입이 많음에도 전세를 산다. 그것도 반드시 전세권 설정을 하면서 말이다.

시간이 지나면서 그 이유를 알았다. 구미산업단지에 직장이 있는 사람들은 고향이 그곳이 아니었다. 서울이나 수도권으로 가고 싶은 마음이 항상 있고, 또 준비하고 있다. 내 집 마련을 서울이나 수도권에 하고 싶지 구미에 하고 싶지는 않은 것이다.

갑자기 타 지역으로 발령이 나는 경우도 허다했다. 항상 전세권 설정을 하는 것도 급히 이사하다 보면 보증금을 반환받지 못하는 경우가 생길 수 있으니 이를 방지하기 위해서였다. 지인도 나와 함께 이 아파트에 투자했는데 들어오는 세입자마다 1년을 못 채우고 나갔다. 이런 경우 세입자가 중개수수료를 내게 되어 있다. 또 계약이 새로 될 때마다 전세가는 조금이라도 올라가기 마련이었으므로, 투자자 입장에서는 수수료 지출 없이 전세금을 계속 올려 받을 수 있는 이점이 되기도 했다.

🏠 매도 그 후

2채를 모두 매도한 것은 2014년 12월이었다. 1채는 실입주자에게 9,200만 원을 받았고, 또 1채는 8,500만 원에 전세가 들어 있는 채로 서울의 투자자에게 8,800만 원에 팔았다.

사실 후자의 경우는 매도 거래로는 거의 이익을 내지 못했다. 전세가가 8,500에 매도가가 8,800이었으니 중개수수료를 주고 세금을 내고 나면 남는 것이 전혀 없었다. 그런데도 매도한 이유는 2015년 부터 구미, 칠곡에 아파트 입주가 대규모로 시작되기 때문이었다. 2016년 현재 이 아파트는 매매가 8,500만 원에 전세가 7,000만 원 선으로 가격이 하락했으며, 그럼에도 거래가 잘 되지 않는다. 물량 앞에 장사 없다는 말은 여기서도 여지없이 들어맞는다.

/35

3,000만 원으로 산
포항 대유타운아파트
(2012년)

🏠 포항에 KTX가?

부동산 공부를 하면서 토지에도 흥미가 생겼다. 꼭 투자를 하지 않더라도 부동산에 관해 공부하는 자체가 재미있어서 전국 각지에 관심을 가졌는데, 포항에 고속철도역이 생긴다는 소식을 접했다. 기사를 찾아보니 흥해읍 이인리에 전국 신설 역사 가운데 최대 규모로 KTX 신포항역이 건립되며, 개통되면 서울에서 포항까지 불과 2시간 10분밖에 안 걸린다고 했다.

포항시 흥해읍 이인리. 지도를 보는 순간 가슴이 두근거렸다. 끝없는 논밭이 펼쳐진 이 시골 마을이 과연 어떻게 개발될 것인지, 나도 모르게 흥분됐다.

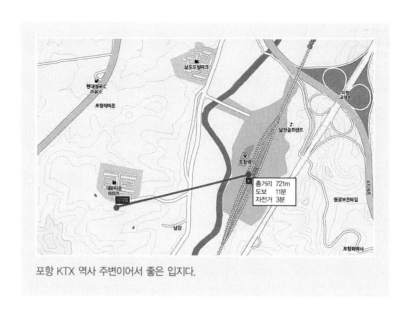

포항 KTX 역사 주변이어서 좋은 입지다.

현장으로 가기 전에 분석을 시작하면서 스스로에게 던진 첫 번째 질문은 이것이었다. 'KTX 신포항역까지 걸어서 갈 수 있는 20평대 아파트는 어디인가?'

두 군데가 있었다. 논밭만 이어지는 허허벌판에 삼도드림파크와 대유타운아파트라는 곳이 있었다. 이 두 군데만 알아보면 되니, 생각보다 쉬웠다. 전년도인 2011년 가을에 부지를 조성하는 착공식 테이프를 끊어 시세가 조금 오른 상태였지만, 2014년으로 예정된 (실제로는 2015년 5월에 개통했다) 개통 때까지 시간은 충분히 남아 있었다.

🏠 평당 300, 대유타운아파트

신포항역사가 들어서면서 주변도 함께 개발되므로 향후 어떻게 변할지 구체적으로 알고 싶었다. 그래서 검색을 하다 신기한 사이트를 발견했다. 바로 국토교통부의 '토지이용규제정보서비스'라는 사이트다.

토지의 번지수를 넣어 토지이용계획을 열람하는 용도로 많이 알려져 있다. '고시도면' 메뉴로 들어가면 관심 있는 지역에 도로가 어떻게 나고 아파트가 어느 곳에 얼마나 들어오는지 도면으로 볼 수 있다. 개발계획이 승인되는 단계에서 고시가 되는데, 신도시나 택지개

토지이용규제정보서비스(luris.molit.go.kr)

발지구계획은 물론 공원·학교·도로계획이 변경되는 사항까지 모두 올라온다. 개발이 활발한 지역일수록 자료가 많으며 전국적으로 방대한 양의 고시가 이루어진다.

이 사이트를 처음 발견한 당시에는 관심 지역의 고시도면을 보느라 도무지 잠을 잘 수가 없을 정도였다. 유언비어가 아닌 정확한 정보를 바탕으로 부동산 투자를 할 수 있게 되었다는 생각에 가슴이 뛰었다.

이렇게 해서 알게 된 신포항역 주변 개발계획은 다음과 같았다.

🏠 포항 이인지구 도시개발구역 개발계획

대유타운아파트는 당시는 허허벌판에 서 있는 나 홀로 아파트였다. 하지만 신포항역이 완공되면 도보 10분으로 KTX를 이용할 수 있는 데다 주변에 학교 3곳, 상업용지, 대단지 아파트가 들어설 예정이었다. '공공청사 부지'라고 되어 있는 곳에는 주민센터가 들어오는 것이 분명했다.

이 계획이 고시되던 2010년 11월, 대유타운아파트 25평의 매매가는 4,000만 원대로 평당 200만 원도 안 되는 헐값이었다. 그런데 내가 보러 갔던 2012년 5월에는 이미 포크레인들이 지나다니고 문화재 발굴을 하는 등 부지 조성 작업이 활발히 이뤄지고 있었다. 투자자들이 몰려오기 시작했고 가격도 6,500만 원 정도로 올라 있었다.

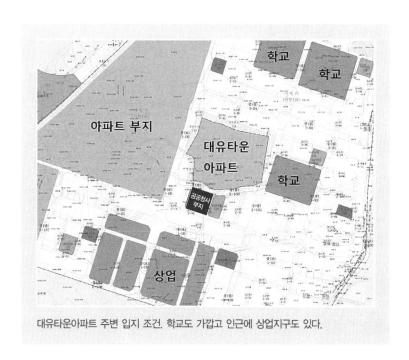

대유타운아파트 주변 입지 조건. 학교도 가깝고 인근에 상업지구도 있다.

　나는 늘 한 발짝 늦게 들어가는 느낌이었다. 고시도면이 나온 2010년 겨울에 투자했다면 4,000만 원대에 매수할 수 있었을 테고, 역사 기공식을 한 2011년 가을만 해도 5,000만 원대에 살 수 있었을 텐데! 아쉬웠지만 그래도 평당 300만 원이었다. 바로 옆에 들어올 대단지 아파트는 평당 얼마에 분양할까. 비록 오래되었으나 가격이 매우 저렴했고, 이 지역의 개발이 끝나면 모든 인프라를 함께 누릴 수 있는 아파트였다.

🏠 삼도드림파크아파트

이번에는 삼도드림파크아파트를 알아봤다. 매매가는 1억 1,000만 원까지 호가되고 있었다. 대유타운아파트보다 더 큰 평수들이 어우러져 있고 북쪽으로 다른 아파트 단지도 있어 인프라는 대유타운보다 조금 더 나았다. 하지만 복도식이라는 점이 마음에 걸렸다. 미개발지역의 20평대 복도식 아파트가 1억 원이 넘는다면 상승 여지가 많지 않다고 느껴졌다(순전히 나의 개인적인 느낌이다).

이에 비해 대유타운아파트는 입지는 약간 떨어져도 이인지구 개발이 완료되면 훌륭한 인프라를 누릴 수 있고, 무엇보다 가격이 저렴했다. 또한 삼도드림파크가 오른다면 대유타운도 동반 상승할 것이고, 삼도드림파크가 1억 원 언저리에서 가격이 머무른다 해도 8,000만 원대까지는 오를 수 있다고 봤다.

대유타운아파트는 21평과 25평, 두 가지 평형이 있었는데 금액 차이는 1,000만 원밖에 나지 않았다. 21평은 모두 동향 배치였고 25평은 모두 남향 배치였다. 월세수익률은 저렴한 21평이 조금 더 나았지만, 4평만큼 더 넓다는 쾌적함과 남향이라는 메리트를 가진 25평으로 마음이 쏠렸다. 게다가 매매가가 겨우 1,000만 원 차이라면, 21평은 25평의 가격이 오르지 않는 이상 가격 상승을 기대할 수 없었다. 만에 하나, 21평의 가격이 올라 21평과 25평의 가격이 같아진다면 상식적으로 어떤 평수를 택하겠는가.

반면 21평이 오르지 않는다 해도 25평은 더 치고 올라갈 수 있었다. 나는 21평은 고평가, 25평은 저평가되어 있다고 생각해 25평을 매수했다. 수리를 예쁘게 해놓은 덕에 전세금은 최고가인 4,000만 원을 받을 수 있었다.

전세 투자는 적은 투자금으로 매매차익을 기대하는 것인데, 개발 호재에 따른 미래가치를 보고 투자할 때는 주의할 점이 있다. 당장은 임대수요가 많지 않아 전·월세 시세가 저렴하다는 점이다. 가격 상승에 대한 기대가 많을수록 투자금이 많이 들어간다고 보면 된다. 나 역시 결과적으로 최고가의 전세금을 받긴 했지만, 한 달간 공실이었기에 월세와 전세 둘 다 내놓고 기다리다 계약이 된 것이었다.

전세 만기가 다가오는 2014년, 포항 지역 뉴스에서는 곧 신포항역이 완공된다는 내용이 연일 보도되었다. 서울까지 2시간 10분이면 갈 수 있다니 얼마나 매력적인가. 하지만 역사가 완공된다 해도 주변 인프라가 금세 형성되는 것도 아니고 이인지구 택지개발도 꽤

⬛ 포항 25평 전세 투자 예   (단위: 만 원)

매수가격		6,500	평단가: 283
매도가격		7,900	
대출금		–	
전세보증금		4,000	전세가율: 62%
기타 비용	각종 세금	286	
	중개수수료	33	
	수리비	150	
	총계	469	
실제 투자금		2,969	
매매차익		932	
전체 수익률		31.4%	

오랜 시간이 걸릴 것으로 예상됐다. 오히려 완공 후 특별한 인구 유입이 없어 임대료가 상승하지 않는다면 매매가 역시 제자리걸음을 할 터였다. 그래서 매도를 결심했다.

그런데 미처 생각하지 못했던 문제가 발생했다. 모서리 라인이라 팔기 힘들다는 것이었다. 처음 집을 보러 갔을 때는 저녁이어서 몰랐는데, 102동 7라인은 남향이긴 해도 동향 라인에 가려져서 볕이 잘 들지 않는다고 했다. 문득 수도권 현장을 보러 다닐 때 끝까지 남아 있던 집들이 102동 7호 라인 같은 경우였다는 사실이 떠올랐다. 비선호 라인이라 팔리지 않던 집을 그때 여러 채 봤다.

고속철이 개통되기 전, 투자자들이 아직 쳐다보기라도 하는 동안에 서둘러 팔아야 했다. 결국 시세보다 낮은 가격으로 매도할 수밖에

모서리 라인은 비선호 라인이다.

없었다. 2년 만에 손에 쥔 수익은 1,000만 원 남짓이었다(물론 나는 이 돈도 소중하다고 생각한다). 로열층·로열동뿐 아니라 라인도 중요하다는 사실을 뼈저리게 느낀 투자였다.

🏠 매도 그 후

내가 7,900만 원에 판 그 아파트는 KTX 개통 후 가격이 무섭게 올랐다. 아래의 그림을 보면, 한눈에 삼도드림파크보다 대유타운의 가격 상승률이 압도적임을 알 수 있다. 서민아파트라는 인식과 대지권 미등기 때문에 저평가되어 있던 것이, 주변이 개발되고 대지권 미등기가 해결되면서 본래 가치를 찾은 것이다.

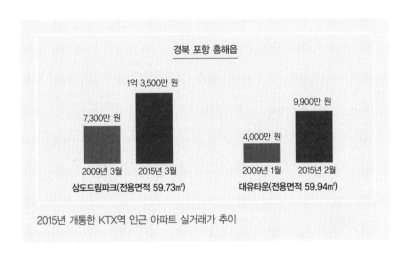

경북 포항 흥해읍

삼도드림파크(전용면적 59.73㎡)
7,300만 원 (2009년 3월)
1억 3,500만 원 (2015년 3월)

대유타운(전용면적 59.94㎡)
4,000만 원 (2009년 1월)
9,900만 원 (2015년 2월)

2015년 개통한 KTX역 인근 아파트 실거래가 추이

대도시에서는 지하철역 하나만 들어와도 개통 전부터 매매가가 빠르게 오르지만, 포항은 KTX라는 큰 호재를 두고도 참으로 느리게 올랐다. KTX가 생기고 나서야 급격히 상승했다.

매도가를 1억 원 언저리로 예측했다면 조금 더 가지고 있었을 텐데 하는 아쉬움이 있었다. 위안하자면, 묶여 있는 투자금에 비해 가격상승폭이 작았다. 당시 매매가격이 7,900만 원까지 상승했지만 전세가 4,000만 원 선으로 거의 제자리걸음을 하고 있었다. 2014년도에 그 자금이면 수도권 투자가 가능한 금액이었으므로 나는 투자금을 회수하여 수도권에 투자했다. 그러나 2016년 말 현재 그 아파트는 다시 8,000만 원 선으로 하락했다. 물량 앞에 장사 없다는 말은 여지없이 들어맞는다. KTX역 개통 이후 다른 개발이 늦어진 탓도 있다.

/36

1,000만 원으로 산
세종 성호늘푸른아파트
(2013년)

2013년 초, 셋째의 출산을 앞두고 '아이가 셋이니 앞으로 아파트 투자는 힘들겠구나' 하는 생각이 들었다. 그래서 장기 투자할 수 있는 땅을 보러 다녔다. 하지만 대전시와 세종시 사이의 땅은 내가 가진 돈으로는 살 수 없는 가격이었다(당시 현금 5,000만 원을 쥐고 땅을 사러 다녔다). 나는 도로가 물린 계획관리지역 땅을 사고 싶었는데, 중개소에서 소개해주는 땅은 농로가 낀 산 밑의 보전관리지역이나 언덕을 한참 올라가야 나오는 작고 못생긴 땅뿐이었다.

그렇게 셋째를 임신한 채 땅을 알아보다가 2013년 5월에 출산을 했다. 산후조리를 하는 동안에도 어디에 투자할지 밤마다 고민했다. 아파트 투자는 이제 더 못 하리라던 생각은 이미 까맣게 잊었다. 2013년 4월 1일부터 1가구 1주택 비과세 물건에 투자하면, 향후 5년간 양도소득세가 면제된다는 정보를 접했기 때문이다. 이렇게 좋은 기회에 어떻게 투자를 안 할 수 있으랴. 4월이 지나 벌써 5월이 됐기 때문에 마음이 급했다.

그날도 투자할 곳을 찾아 인터넷을 헤매던 중, 번갯불이 튀듯 하나의 생각이 떠올랐다.

'땅값이 가파르게 오르면서 인구가 유입되는 지역이 있다면, 그런 곳의 아파트가 오르지 않을까?'

딱 한 달 만에 산후조리를 끝내고 나는 아이를 안고 바로 세종시로 향했다. 그리고 드디어 마음에 드는 아파트를 발견했다. 세종시와 아산시 사이 전의면에 있는 성호늘푸른아파트 26평이었다. 나 홀로 아파트였지만 인근에 전의산업단지가 조성되어 있었다. 2산업단지는 제약·LED·식품·화장품 등 더 많은 업체를 유치할 만반의 준비를 하고 있었고, 중개소에 나온 매물은 모두 법인에서 기숙사로 쓰고 있는 아파트였다.

전세보다는 월세 투자가 투자금도 적게 들고 수익이 생기는 구조였다. 당시 세종시 20평대 신규 분양 아파트의 가격이 1억 원 후반대였는데, 그에 비하면 가격도 6,000만 원대여서 무척 저렴했다. 방 3개에 월세가 보증금 1,000만 원에 35만 원이라면 1인당 10만 원 남짓만 부담하면 되므로 주변에 신축 원룸이 들어와도 타격이 없으리라 생각했다(주변에 땅이 널린 곳은 늘 신축 원룸이나 다세대주택과 경쟁하게 되지는 않을지 숙고해야 한다).

총투자금 1,146만 원으로 매수해서 월세를 놓아 공실 없이 연 252

전의산업단지는 세종시와 천안시 사이에 있다.

만 원의 임대소득을 얻었다. 임차인인 법인이 재계약을 거듭해 중개수수료나 수리비도 전혀 들지 않았다. 그래서 탑층이든 동향이든 가리지 않고 7,000만 원 이하로 매수하겠다는 목표를 세운 뒤, 2개월 동안 3채를 샀다.

2013년 6월 말일까지 취득세가 1.1%로 한시적으로 감면되므로 급하게 잔금을 치른 것이다. 돌이켜보면 2013년 4월 1일에 1가구 1주택을 매수해서 6월 말에 잔금을 치렀다면 환상의 타이밍이었을 것이다. 실제로 이 정책은 효과를 발휘해 이후 거래가 활발해지면서 수도권 부동산시장에 온기가 돌기 시작했다.

■ 전의 25평 월세 투자 예 (단위: 만 원)

매수가격		6,050	
대출금		4,200	월 대출이자: 14, 금리: 4%
월세 임대	보증금	1,000	
	월세	35	월순익: 21(월세 – 월 대출이자)
기타 비용	각종 세금	266	
	중개수수료	30	
	수리비	–	
	총계	296	
실제 투자금		1,146	
실제 연수입		252	
연수익률		22.0%	

🏠 매도 그 후

탑층 아파트는 2015년 가을, 8,800만 원에 중국인에게 매도했다. 14층 아파트는 2016년 여름에 월세 투자자에게 9,500만 원을 받고 매도했다. 2014년에 천안 목천의 원앙마을부영아파트가 임대에서 분양으로 전환하며 높은 프리미엄이 붙었다. 그 아파트보다 성호늘푸른아파트가 저렴했기에 더 오르리라는 믿음이 있었다. 그래서 해를 넘겨 보유하고 있었다.

1,000만 원대의 투자금으로 대출이자를 제외하고 월 20만 원 이상 받으며 2,000~3,000만 원의 매매차익을 누렸으니, 제법 쏠쏠한 나 홀로 아파트 투자였다.

/37

3채로 1억 5,000만 원의 차익을 남긴 산본 아파트 투자 (2013년)

가까운 세종시 투자를 마치고 곧바로 수도권으로 눈을 돌렸다. 기나 긴 침체기를 끝내고 드디어 소액 투자가 가능한 지역이 나타나기 시 작했기 때문이다. 인천 청라지구를 시작으로 군포, 평택, 천안 라인 을 돌았다. 부담 없는 1억 원대에 지하철역이 인접한 산본 역세권이 마음에 쏙 들었다.

휴가철에 집을 보러 가는 사람은 없으리라는 생각에 일부러 7월 말에 맞추어 올라갔다. 마침 장마철이라 비도 쏟아졌다. 휴가철에 비 까지 오니 부동산중개소에 집을 보러 오는 사람이 정말 없었다. 그래 서 1박 2일 동안 시간에 쫓기지 않고 마음껏 집을 볼 수 있었다. 아 이가 셋이다 보니 수리하기가 녹록지 않아 수리가 잘되어 있고 가격 이 저렴한 아파트 위주로 공략했다.

산본 율곡아파트에서 본 한 집은 1가구 1주택 비과세 물건인데 세입자가 밤 8시가 지나야 집을 보여줄 수 있다고 했다. 그 집을 꼭 보고 싶었기에 대전으로 돌아왔다가 다시 갔다. 그러고는 대전에서 올라온 아이 엄마이니 200만 원만 깎아달라고 떼를 써서 매수에 성공했다.

잔금을 치른 다음 세 아이를 데리고 안양등기소에 가 직접 소유권 이전 등기를 했다. 서류가 완벽하니 담당자가 법무사 사무실에서 일한 적이 있느냐고 물었다. 요즘은 스스로 등기를 하는 사람이 많아졌다. 등기소 직원들이 부족한 사항을 친절하게 짚어주고, 잘못된 부분이나 미비 서류가 있더라도 접수 후 전화로 알려주니 겁먹을 필요가 없다.

나도 채권 매입액을 잘못 계산하기도 하고 매도인 서류를 하나 빠뜨려서 다시 받으러 간 적도 있다. 용어가 생소해서 복잡해 보이지만 별것 없다. 한 번 해보고 나면 자신감이 생긴다. 매도인에게 받아야 할 서류만 제대로 챙기면 나머지는 내가 어떻게든 할 수 있으니 걱정할 필요가 없다. 부동산 투자를 하는 동안 평생 법무비를 아낄 수 있으니 도전해보자.

사실 초기에는 부동산 투자를 하면 할수록 돈을 벌기보다는 돈이 나가는 느낌이 든다. 투자금은 기본이고 취득세, 등록세, 중개수수료, 수리비, 재산세에 현장을 다닐 때 드는 교통비나 밥값도 만만치 않다. 조금이라도 돈을 아껴야 했다. 그래서 등기와 집수리는 처음부터 직접 했다. 집에서도 할 수 있다. 대법원 인터넷 등기소에 접속해서 'e-form'을 선택해 신청서를 작성하면 된다.

산본에서 모두 3채를 매수했다. 당시 대전 역세권 20평대 아파트도 1채를 사려면 투자금이 4,000~5,000만 원씩 들어갔다. 그런데 수도권에 그것도 강남으로 출퇴근이 가능한 지역의 아파트를 3,000만 원으로 살 수 있었기 때문이다. 산본은 금융위기 때도 전세가가 1,000만 원 정도 하락했다가 금세 회복했을 만큼 실수요가 탄탄한 지역이다. 게다가 매도자는 2억 1,000만 원에 산 집을 2,000만 원을 들여 수리를 한 뒤 1억 9,500만 원에 파는 상황이었다. 전고점만 회복해도 1,000~2,000만 원은 금방 수익이 난다.

다행인 것은, 취득세가 원점으로 돌아와 4.4%에 달했는데 8·28 대책을 통해 다시 1.1%로 인하된 것이다. 그렇지만 매수 당시에는 4.4% 세율을 적용받아 1채에 858만 원의 취득세를 내야 했으니 3채라 2,500만 원이 넘었다(그 4분의 3을 후에 환급받았다). 계약금을 겨우 내고 나자 취득세 낼 돈이 없어 카드사에 전화해서 항의하기도 했다.

🔽 산본 율곡아파트 투자 예

매수가격	1억 9,500만 원
전세보증금	1억 7,000만 원
취득세	215만 원 (원래 4.4%로 858만 원이었지만, 1.1%로 인하되면서 2014년 1월에 차액을 환급받았다.)
중개수수료	98만 원 (중개소에서 전세 중개수수료는 받지 않으셨다.)
투자금	2,813만 원

"왜 차 살 때는 한도를 늘려주면서, 집 사서 취득세를 낼 때는 한도를 늘려주지 않는 거죠?"

나는 당연히 한도를 늘려줄 줄 알았던 것이다.

당시 내 나이 서른하나, 남편의 월급은 300여만 원이었다. 잔금을 치를 때까지 서너 달의 시간이 있었으므로 정말이지 악착같이 안 먹고 안 쓰며 자금 계획을 세웠다. 급기야 여기저기서 돈을 빌리고, 일부는 카드로 일부는 현금으로 나누어 내며 생활했다. 집을 얼마나 열심히 샀던지 취득세가 인하되었을 때는 통장에 2,000만 원 가까이 환급되어 있었다.

🏠 매도 그 후

1채는 2015년 2억 4,000만 원에 매도했고(양도소득세 합산과세 때문에 매년 꾸준히 매도한다), 1가구 1주택 비과세로 5년간 양도소득세가 없는 집은 2억 2,500만 원에 전세를 놓았다. 현재 매매가는 2억 6,000만 원이 넘는다.

시험 삼아(?) 충무주공 2단지 로열동 탑층 18평도 하나 매수했다. 당시 매매가는 1억 4,500만 원, 전세는 1억 3,500만 원이었다. 탑층이라 결로와 곰팡이가 생겨서 가볍게 수리한 후 2016년 여름에 1억 9,000만 원에 매도했다. 1,000만 원대 투자로 4,000만 원의 수익을 냈으니 만족한다.

결과적으로 2013년 산본에서 매수한 3채의 매매차익은 모두 합해 약 1억 5,000만 원이다. 아이 셋 키우는 전업주부가 어디에서 이런 돈을 벌 수 있겠는가. 슈퍼짠 선발대회에서 대상까지 받은 짠순이이긴 하지만, 남편 월급을 아무리 모아봐야 1년에 2,000만 원 안팎이다. 참으로 귀하게 얻은 수익이기에, 아파트 투자로 번 돈은 손대지 않고 그대로 재투자하고 있다.

선한 부자의 꿈을 위하여

우리 집을 방문하는 사람들은 아이 키우는 집이 마치 도서관 같다면서 한 번 놀라고, 벽에 빽빽이 붙어 있는 투자 관심 지역 지도들을 보며 또 한 번 놀란다. 나는 여전히 경제와 투자 공부를 게을리하지 않는다. 요즘은 관심 분야가 더 확장되어 투자와 관련 없는 책들도 재미있게 읽고 있다.

공부를 시작하면서 읽은 내용을 잊지 않기 위해 블로그를 만들고 책을 서재에 쌓아놓기 시작했는데, 시간이 지나면서 나의 보물 창고가 되었다. 틈날 때마다 들여다보며 다시금 깨달음을 얻는다.

이 깨달음을 혼자만 간직하기 아까워 '선한 부자 프로젝트'를 시작했다. 블로그에 내가 읽은 책을 소개하면서 방문자들에게 꾸준히 책을 선물하고 있다. 얼굴도 모르는 사람들에게 3년째 꾸준히 책을 보내고 있다. 그렇게 하는 까닭은, 내가 그랬듯이 책을 통해 사람들의 삶이 바뀌기를 바라기 때문이다.

애초에 경제적 자유를 누리기 위해 독서를 시작했지만, 나는 책을 읽으면 가난해도 행복해지는 법을 배울 수 있다고 믿는다. 진짜 부자는 돈이 많은 사람이 아니라 작은 일에도 감사할 줄 아는, 마음이 풍요로운 사람이다. 나는 그 마음의 풍요가 책에서 나온다고 믿는다.

여력이 있음에도 더 많은 투자를 하지 않고 직장인 연봉 수준의 수익에 만족하며 사는 것도 돈이 전부가 아니라고 생각하기 때문이다. 집에서 아이들 돌보고 살림하면서도 맞벌이 이상의 수입을 얻고 있으니 먹고살 걱정은 없다. 적게 투자해 적게 버니 그리 위험하지도 않다. 다만 세 아이의 엄마이다 보니 우리가 살아가는 세상이 지금보다 행복하고 지금보다 안전하기를 늘 소망한다. 나는 우리 아이들이 잘사는 나라보다는 행복한 나라에서 살았으면 좋겠다.

국가가 부강해지는 것과 국민이 행복해지는 것은 별개의 문제다. 아무리 국민소득이 높다 한들 빈부 격차가 심하고 사람들의 내면이 성장을 멈춘다면 사회는 각박해질 수밖에 없고, 그런 사회에서는 사람들의 삶이 편치 않다.

그래서 나는 오늘도 선한 부자 프로젝트라는 이름으로 사람들과 책을 나눈다. 아주 소소한 일이지만 이 일은 다단계 시스템과 같다고 생각한다. 결국은 많은 사람이 책 속에서 길을 찾고, 공부하는 즐거움을 깨달아 인생의 변화를 맞이하리라고 생각한다. 그리고 그들이 행복한 세상을 만드는 데 기여하게 되리라고 믿는다.

2년간 방송을 한 것도 나로 인해 자극받고 변화된 미래를 사는 누군가가 있으리라고 믿었기 때문이다. 아이러니하게도 나는 방송사 카메라 앞에서 "저희 집에는 TV가 없어요. 책만 봅니다"라고 당당하게 말했다. 평범한 주부이던 내가 세 아이를 키우며 투자를 하고, 방송 출연과 강의를 하며 책도 낼 수 있게 된 비결은 오직 책에 있다.

대한민국을, 내 아이들이 살아갈 세상을 보다 나은 곳으로 만들기 위해 노력하는 사람이 많을 때 우리는 다 같이 행복해질 수 있다. 내가 책을 나누는 것은 이를 위해서다. 행복한 삶과 부의 비밀은 책 속에 모두 들어 있다.

사랑하는 가족과 함께 행복하고 여유롭게 살고자 하는 대한민국의 모든 이들에게 이 책을 바친다.

주목!
2017년 복부인의 아파트 투자 꿀팁

6년 동안 아파트 투자를 하면서 느낀 점은, 물건을 사고팔기를 반복할 때 비용이 제법 든다는 것이었다. 매수할 때는 취득세·복비·수리비를, 보유하는 동안에는 재산세·종합부동산세를, 매도할 때는 양도소득세를 내야 한다. 여기에 여러 채를 매도할 경우 양도소득세가 합산 과세되어, 손에 남는 이득이 적을 수밖에 없다. 내 경우엔 다행히 전세보증금이 급격하게 상승했기 때문에 투자금을 모두 회수할 수 있었다. 그리고 2013년 4월부터 12월까지 계약분에 한해 매도인이 1가구 1주택일 경우 매수인에게 5년간 양도소득세를 면제해주는 혜택도 있었다. 지금 돌이켜보면 그때의 혜택이 꿈만 같다 (당시 아파트 3채를 구입했는데, 그중 1채는 월세 투자용으로 매매가가 거의 오르지 않았다).

지금 아파트에 투자할 계획이라면, 눈여겨봐야 할 정책이 있다. 준공공임대주택으로, 정부로부터 임대료를 규제받는 대신 세제 혜택을 볼 수 있는 주택이다. 그와 관련한 법령은 아래와 같다.

〈준공공임대주택 개요(세제, 자금지원 등 포함)〉

구분	법령 개정('15. 12. 29) 이전	법령 개정('15. 12. 29) 이후
준공공임대 정의	• 준공공임대주택이란 일반형 임대사업자가 8년 이상 임대할 목적으로 취득하여 임대하는 민간임대주택('13.12.5 도입) • 일반형 임대사업자 : 기업형 임대사업자(8년 이상 임대할 목적으로 100호 이상 취득)가 아닌 임대사업자로서 1호 이상 취득	
등록대상 주택, 규모	전용 85㎡ 이하 주택(주거용 오피스텔 포함) • 85㎡ 초과 다가구 포함	주택 및 주거용 오피스텔 • 주거용 오피스텔은 85㎡ 이하
등록대상호수 (이상)	1호 • 건설 준공공임대는 2호	1호
임대의무기간	10년 • 5년 범위에서 임대기간 1/2 인정	8년
자금지원	전용 85㎡ 이하 공동주택 매입시 연 27%, 10년 만기일시 상환 *수도권 1.5억 원, 지방 0.75억 원 (매입임대만 가능)	60㎡ 이하: 8천만 원 / 2.0% 60~85㎡: 1억 원 / 2.5% 85~135㎡: 1억 2천만 원 / 3.0% 8년 만기일시 상환 (매입, 건설임대 둘 다 가능) *1월 말 시행 예정
임대료 규제	최초 임대보증금, 임대료 : 시 · 군 · 구 시세 이하 증액 : 연 5% 이하	최초 임대료 등 제한 폐지 *증액 제한은 유지
형사처벌 (임대 의무 위반 · 양도)	과태료 3천만 원	과태료 1천만 원
취득세	60㎡ 이하 면제	60㎡ 이하 면제, 60~85㎡ (20호 이상 취득) 50% 감면 *2018년까지 적용
재산세 (2세대 이상)	40㎡ 이하 면제 40~60㎡ : 75% 감면 60~85㎡ : 50% 감면	좌 동 *2018년까지 적용
양도소득세	2017년까지 매입시 면제 *장기보유특별공제 : 8년 임대시 50%, 10년 임대시 60%	좌 동 *장기보유특별공제 : 8년 임대시 50%, 10년 임대시 70%
소득세 · 법인세	50% 감면 *85㎡ 이하, 기준시가 3억 원 이하 3호 이상 임대시 (2016년까지 적용)	75% 감면 *85㎡ 이하, 기준시가 (3억 원→6억 원) 이하, 3호 이상 임대시 *법령 개정 추진 중
종합부동산세	과세표준 합산 배제	과산표준 합산 배제

주택을 매수 시 준공공임대주택으로 등록하여 10년 이상을 보유하면 양
도소득세가 면제된다. 2013년에 시행됐던 1가구 1주택자 보유물건 매수 시
양도소득세 5년 면제 혜택에 비하면 그 기간이 2배에 달한다. 10년 동안 세
제 혜택을 누리면서, 시세차익도 누릴 수 있는 아파트의 특성을 나열해봤
다. 다음의 조건을 충족시키는 아파트면 좋을 것이다.

1. 2017년까지 입주하는 분양권 혹은 새 아파트
2. 신도시나 택지개발지구 내의 초·중학교 인접 아파트
3. 초기 전세가격이 아주 높게 형성될 수 있는 곳
4. 59~84㎡ 크기의 주택
5. 입주 시점까지 프리미엄이 지속적으로 올라가는 곳
6. 10년 후에 대체재가 없는 입지를 가진 곳

이런 조건의 아파트를 매수하여 준공공임대주택으로 등록하면, 59㎡ 이
하 분양권의 경우에는 취득세가 면제된다. 단점은 연간 5%밖에 증액하지
못하니 초기 전세가격이 높을 만한 곳을 예상해야 한다는 것이다.

투자금이 적을수록 수익률이 높아지니 중·소형 평형이 유리하다. 그리
고 입주 시점까지 분양권의 프리미엄이 점점 더 올라가는 단지는 전세가격
이 초기 분양가격에 비해 높게 형성될 확률이 높다. 프리미엄이 계속 올라
간다는 이야기는 투자자보다 실거주자의 매수세가 강하다는 의미이기도 하
다. 나는 신도시에서 학군이 좋고 직장·주거 근접 지역을 선별해서 2017년
에 입주할 분양권을 미리 매수해뒀다.

몇 가지 예측을 하자면, 새 아파트의 수요는 앞으로도 꾸준할 것이다. 향
후 신도시 택지개발지구의 공동주택 토지 공급은 줄어들 것이므로, 새 아파
트는 더욱 귀해질 것이다. 새로 지은 비싼 아파트를 중심으로 좋은 학군이
형성되면, 구도심의 학군 좋은 아파트에서도 이동하려는 수요가 점점 늘어

날 것이다.

매도 시점을 봤을 때, 10년 된 아파트를 매도하는 것이므로 수리하거나 관리할 일도 그다지 없다. 재건축이 불가능한 30년 된 15층 아파트에 투자해서 성공적인 결과를 낸 사람은 거의 없다. 고층 아파트의 역사가 그만큼 짧기 때문이다. 그래서 준공공임대주택으로 등록할 때는 될 수 있으면 지은 지 10년 이내의 아파트로 하는 것이 매도할 때 안전하다.

10년 후에도 수요자의 선호도에 변화가 없으려면, 그 지역을 대체할 만한 택지나 신도시가 가까이에 생기지 않아야 한다. 이것은 역전세를 방지하기 위해 매수 단계부터 면밀히 신경 써야 할 부분이다. 그래서 나는 아파트 내에, 가능한 한 길을 건너지 않는 곳에 초등학교가 있는 물건을 선호한다. 아이들이 길을 건너는 위험을 줄일 수 있기 때문이다.

당연히 오래된 아파트보다 투자금은 많이 들겠지만, 그만큼 나의 수고를 줄이면서 수익을 얻을 수 있다. 2년마다 전세 상승분만큼의 금액을 받아 투자금을 회수하면서 10년 후에는 양도세를 전액 면제받게 되니 꽤 괜찮은 투자라 생각한다. 이런 아파트를 몇 개만 잘 세팅해놓아도 전업주부의 삶은 여유로워질 것이다.

부동산 수익률 분석표

(단위: 만 원, %)

매매가	대출	세금	투자금	전세금	보증금	월세	이자	실투자	연수입	투자금 대비 수익률
5000	3500	100	1600	3500	300	20	105	1300	135	10.4
5100	3570	102	1632	3570	500	20	107.1	1132	132.9	11.7
5200	3640	104	1664	3640	300	25	109.2	1364	190.8	14.0
5300	3710	106	1696	3710	300	20	111.3	1396	128.7	9.2
5400	3780	108	1728	3780	500	20	113.4	1228	126.6	10.3
5500	3850	110	1760	3850	300	25	115.5	1460	184.5	12.6
5600	3920	112	1792	3920	1000	20	117.6	792	122.4	15.5
5700	3990	114	1824	3990	500	25	119.7	1324	180.3	13.6
5800	4060	116	1856	4060	500	25	121.8	1356	178.2	13.1
5900	4130	118	1888	4130	1000	20	123.9	888	116.1	13.1
6000	4200	120	1920	4200	500	25	126	1420	174	12.3
6100	4270	122	1952	4270	500	25	128.1	1452	171.9	11.8
6200	4340	124	1984	4340	1000	20	130.2	984	109.8	11.2
6300	4410	126	2016	4410	500	30	132.3	1516	227.7	15.0
6400	4480	128	2048	4480	500	30	134.4	1548	225.6	14.6
6500	4550	130	2080	4550	1000	25	136.5	1080	163.5	15.1
6600	4620	132	2112	4620	500	30	138.6	1612	221.4	13.7
6700	4690	134	2144	4690	500	30	140.7	1644	219.3	13.3
6800	4760	136	2176	4760	1000	25	142.8	1176	157.2	13.4

매매가	대출	세금	투자금	전세금	보증금	월세	이자	실투자	연수입	투자금 대비 수익률
6900	4830	138	2208	4830	500	30	144.9	1708	215.1	12.6
7000	4900	140	2240	4900	500	30	147	1740	213	12.2
7100	4970	142	2272	4970	500	30	149.1	1772	210.9	11.9
7200	5040	144	2304	5040	500	30	151.2	1804	208.8	11.6
7300	5110	146	2336	5110	500	30	153.3	1836	206.7	11.3
7400	5180	148	2368	5180	500	35	155.4	1868	264.6	14.2
7500	5250	150	2400	5250	500	35	157.5	1900	262.5	13.8
7600	5320	152	2432	5320	500	35	159.6	1932	260.4	13.5
7700	5390	154	2464	5390	500	35	161.7	1964	258.3	13.2
7800	5460	156	2496	5460	500	35	163.8	1996	256.2	12.8
7900	5530	158	2528	5530	500	35	165.9	2028	254.1	12.5
8000	5600	160	2560	5600	500	35	168	2060	252	12.2
8100	5670	162	2592	5670	500	35	170.1	2092	249.9	11.9
8200	5740	164	2624	5740	500	35	172.2	2124	247.8	11.7
8300	5810	166	2656	5810	500	35	174.3	2156	245.7	11.4
8400	5880	168	2688	5880	500	35	176.4	2188	243.6	11.1
8500	5950	170	2720	5950	500	40	178.5	2220	301.5	13.6
8600	6020	172	2752	6020	500	40	180.6	2252	299.4	13.3
8700	6090	174	2784	6090	500	40	182.7	2284	297.3	13.0
8800	6160	176	2816	6160	500	40	184.8	2316	295.2	12.7
8900	6230	178	2848	6230	500	40	186.9	2348	293.1	12.5
9000	6300	180	2880	6300	500	40	189	2380	291	12.2
9100	6370	182	2912	6370	500	40	191.1	2412	288.9	12.0
9200	6440	184	2944	6440	1000	40	193.2	1944	286.8	14.8
9300	6510	186	2976	6510	1000	40	195.3	1976	284.7	14.4
9400	6580	188	3008	6580	1000	40	197.4	2008	282.6	14.1
9500	6650	190	3040	6650	1000	40	199.5	2040	280.5	13.8
9600	6720	192	3072	6720	1000	40	201.6	2072	278.4	13.4
9700	6790	194	3104	6790	1000	40	203.7	2104	276.3	13.1
9800	6860	196	3136	6860	1000	40	205.8	2136	274.2	12.8
9900	6930	198	3168	6930	1000	40	207.9	2168	272.1	12.6
10000	7000	200	3200	7000	1000	45	210	2200	330	15.0
10100	7070	202	3232	7070	1000	45	212.1	2232	327.9	14.7
10200	7140	204	3264	7140	1000	45	214.2	2264	325.8	14.4
10300	7210	206	3296	7210	1000	45	216.3	2296	323.7	14.1
10400	7280	208	3328	7280	1000	45	218.4	2328	321.6	13.8
10500	7350	210	3360	7350	1000	45	220.5	2360	319.5	13.5

매매가	대출	세금	투자금	전세금	보증금	월세	이자	실투자	연수입	투자금 대비 수익률
10600	7420	212	3392	7420	1000	45	222.6	2392	317.4	13.3
10700	7490	214	3424	7490	1000	45	224.7	2424	315.3	13.0
10800	7560	216	3456	7560	1000	45	226.8	2456	313.2	12.8
10900	7630	218	3488	7630	1000	45	228.9	2488	311.1	12.5
11000	7700	220	3520	7700	1000	45	231	2520	309	12.3
11100	7770	222	3552	7770	1000	50	233.1	2552	366.9	14.4
11200	7840	224	3584	7840	1000	50	235.2	2584	364.8	14.1
11300	7910	226	3616	7910	1000	50	237.3	2616	362.7	13.9
11400	7980	228	3648	7980	1000	50	239.4	2648	360.6	13.6
11500	8050	230	3680	8050	1000	50	241.5	2680	358.5	13.4
11600	8120	232	3712	8120	1000	50	243.6	2712	356.4	13.1
11700	8190	234	3744	8190	1000	50	245.7	2744	354.3	12.9
11800	8260	236	3776	8260	1000	50	247.8	2776	352.2	12.7
11900	8330	238	3808	8330	1000	50	249.9	2808	350.1	12.5
12000	8400	240	3840	8400	1000	50	252	2840	348	12.3
12100	8470	242	3872	8470	1000	55	254.1	2872	405.9	14.1
12200	8540	244	3904	8540	1000	55	256.2	2904	403.8	13.9
12300	8610	246	3936	8610	1000	55	258.3	2936	401.7	13.7
12400	8680	248	3968	8680	1000	55	260.4	2968	399.6	13.5
12500	8750	250	4000	8750	1000	55	262.5	3000	397.5	13.3
12600	8820	252	4032	8820	1000	55	264.6	3032	395.4	13.0
12700	8890	254	4064	8890	1000	55	266.7	3064	393.3	12.8
12800	8960	256	4096	8960	1000	55	268.8	3096	391.2	12.6
12900	9030	258	4128	9030	1000	55	270.9	3128	389.1	12.4
13000	9100	260	4160	9100	1000	55	273	3160	387	12.2
13100	9170	262	4192	9170	1000	55	275.1	3192	384.9	12.1
13200	9240	264	4224	9240	1000	55	277.2	3224	382.8	11.9
13300	9310	266	4256	9310	1000	55	279.3	3256	380.7	11.7
13400	9380	268	4288	9380	1000	55	281.4	3288	378.6	11.5
13500	9450	270	4320	9450	1000	55	283.5	3320	376.5	11.3
13600	9520	272	4352	9520	1000	55	285.6	3352	374.4	11.2
13700	9590	274	4384	9590	1000	60	287.7	3384	432.3	12.8
13800	9660	276	4416	9660	1000	60	289.8	3416	430.2	12.6
13900	9730	278	4448	9730	1000	60	291.9	3448	428.1	12.4
14000	9800	280	4480	9800	1000	60	294	3480	426	12.2
14100	9870	282	4512	9870	1000	60	296.1	3512	423.9	12.1
14200	9940	284	4544	9940	1000	60	298.2	3544	421.8	11.9

매매가	대출	세금	투자금	전세금	보증금	월세	이자	실투자	연수입	투자금 대비 수익률
14300	10010	286	4576	10010	1000	60	300.3	3576	419.7	11.7
14400	10080	288	4608	10080	1000	60	302.4	3608	417.6	11.6
14500	10150	290	4640	10150	1000	60	304.5	3640	415.5	11.4
14600	10220	292	4672	10220	1000	60	306.6	3672	413.4	11.3
14700	10290	294	4704	10290	1000	60	308.7	3704	411.3	11.1
14800	10360	296	4736	10360	1000	60	310.8	3736	409.2	11.0
14900	10430	298	4768	10430	1000	65	312.9	3768	467.1	12.4
15000	10500	300	4800	10500	1000	65	315	3800	465	12.2
15100	10570	302	4832	10570	1000	65	317.1	3832	462.9	12.1
15200	10640	304	4864	10640	1000	65	319.2	3864	460.8	11.9
15300	10710	306	4896	10710	1000	65	321.3	3896	458.7	11.8
15400	10780	308	4928	10780	1000	65	323.4	3928	456.6	11.6
15500	10850	310	4960	10850	1000	65	325.5	3960	454.5	11.5
15600	10920	312	4992	10920	1000	65	327.6	3992	452.4	11.3
15700	10990	314	5024	10990	1000	65	329.7	4024	450.3	11.2
15800	11060	316	5056	11060	1000	65	331.8	4056	448.2	11.1
15900	11130	318	5088	11130	1000	65	333.9	4088	446.1	10.9
16000	11200	320	5120	11200	1000	65	336	4120	444	10.8
16100	11270	322	5152	11270	2000	60	338.1	3152	381.9	12.1
16200	11340	324	5184	11340	2000	60	340.2	3184	379.8	11.9
16300	11410	326	5216	11410	2000	60	342.3	3216	377.7	11.7
16400	11480	328	5248	11480	2000	60	344.4	3248	375.6	11.6
16500	11550	330	5280	11550	2000	60	346.5	3280	373.5	11.4
16600	11620	332	5312	11620	2000	60	348.6	3312	371.4	11.2
16700	11690	334	5344	11690	2000	60	350.7	3344	369.3	11.0
16800	11760	336	5376	11760	2000	60	352.8	3376	367.2	10.9
16900	11830	338	5408	11830	2000	60	354.9	3408	365.1	10.7
17000	11900	340	5440	11900	2000	60	357	3440	363	10.6
17100	11970	342	5472	11970	2000	65	359.1	3472	420.9	12.1
17200	12040	344	5504	12040	2000	65	361.2	3504	418.8	12.0
17300	12110	346	5536	12110	2000	65	363.3	3536	416.7	11.8
17400	12180	348	5568	12180	2000	65	365.4	3568	414.6	11.6
17500	12250	350	5600	12250	2000	65	367.5	3600	412.5	11.5
17600	12320	352	5632	12320	2000	65	369.6	3632	410.4	11.3
17700	12390	354	5664	12390	2000	65	371.7	3664	408.3	11.1
17800	12460	356	5696	12460	2000	65	373.8	3696	406.2	11.0
17900	12530	358	5728	12530	2000	65	375.9	3728	404.1	10.8

매매가	대출	세금	투자금	전세금	보증금	월세	이자	실투자	연수입	투자금 대비 수익률
18000	12600	360	5760	12600	2000	65	378	3760	402	10.7
18100	12670	362	5792	12670	2000	70	380.1	3792	459.9	12.1
18200	12740	364	5824	12740	2000	70	382.2	3824	457.8	12.0
18300	12810	366	5856	12810	2000	70	384.3	3856	455.7	11.8
18400	12880	368	5888	12880	2000	70	386.4	3888	453.6	11.7
18500	12950	370	5920	12950	2000	70	388.5	3920	451.5	11.5
18600	13020	372	5952	13020	2000	70	390.6	3952	449.4	11.4
18700	13090	374	5984	13090	2000	70	392.7	3984	447.3	11.2
18800	13160	376	6016	13160	2000	70	394.8	4016	445.2	11.1
18900	13230	378	6048	13230	2000	70	396.9	4048	443.1	10.9
19000	13300	380	6080	13300	2000	70	399	4080	441	10.8
19100	13370	382	6112	13370	2000	70	401.1	4112	438.9	10.7
19200	13440	384	6144	13440	2000	70	403.2	4144	436.8	10.5
19300	13510	386	6176	13510	3000	70	405.3	3176	434.7	13.7
19400	13580	388	6208	13580	3000	70	407.4	3208	432.6	13.5
19500	13650	390	6240	13650	3000	70	409.5	3240	430.5	13.3
19600	13720	392	6272	13720	3000	70	411.6	3272	428.4	13.1
19700	13790	394	6304	13790	3000	70	413.7	3304	426.3	12.9
19800	13860	396	6336	13860	3000	70	415.8	3336	424.2	12.7
19900	13930	398	6368	13930	3000	70	417.9	3368	422.1	12.5
20000	14000	400	6400	14000	3000	70	420	3400	420	12.4
20100	14070	402	6432	14070	3000	70	422.1	3432	417.9	12.2
20200	14140	404	6464	14140	3000	70	424.2	3464	415.8	12.0
20300	14210	406	6496	14210	3000	70	426.3	3496	413.7	11.8
20400	14280	408	6528	14280	3000	70	428.4	3528	411.6	11.7
20500	14350	410	6560	14350	3000	75	430.5	3560	469.5	13.2
20600	14420	412	6592	14420	3000	75	432.6	3592	467.4	13.0
20700	14490	414	6624	14490	3000	75	434.7	3624	465.3	12.8
20800	14560	416	6656	14560	3000	75	436.8	3656	463.2	12.7
20900	14630	418	6688	14630	3000	75	438.9	3688	461.1	12.5
21000	14700	420	6720	14700	3000	75	441	3720	459	12.3
21100	14770	422	6752	14770	3000	75	443.1	3752	456.9	12.2
21200	14840	424	6784	14840	3000	75	445.2	3784	454.8	12.0
21300	14910	426	6816	14910	3000	75	447.3	3816	452.7	11.9
21400	14980	428	6848	14980	3000	75	449.4	3848	450.6	11.7
21500	15050	430	6880	15050	3000	75	451.5	3880	448.5	11.6
21600	15120	432	6912	15120	3000	75	453.6	3912	446.4	11.4

매매가	대출	세금	투자금	전세금	보증금	월세	이자	실투자	연수입	투자금 대비 수익률
21700	15190	434	6944	15190	3000	75	455.7	3944	444.3	11.3
21800	15260	436	6976	15260	3000	75	457.8	3976	442.2	11.1
21900	15330	438	7008	15330	3000	75	459.9	4008	440.1	11.0
22000	15400	440	7040	15400	3000	75	462	4040	438	10.8
22100	22100	22100	22100	15470	3000	75	663	19100	237	1.2
22200	15540	444	7104	15540	3000	75	466.2	4104	433.8	10.6
22300	15610	446	7136	15610	3000	75	468.3	4136	431.7	10.4
22400	15680	448	7168	15680	3000	75	470.4	4168	429.6	10.3
22500	15750	450	7200	15750	3000	75	472.5	4200	427.5	10.2
22600	15820	452	7232	15820	3000	75	474.6	4232	425.4	10.1
22700	15890	454	7264	15890	3000	75	476.7	4264	423.3	9.9
22800	15960	456	7296	15960	3000	75	478.8	4296	421.2	9.8
22900	16030	458	7328	16030	3000	75	480.9	4328	419.1	9.7
23000	16100	460	7360	16100	3000	75	483	4360	417	9.6
23100	16170	462	7392	16170	3000	75	485.1	4392	414.9	9.4
23200	16240	464	7424	16240	3000	75	487.2	4424	412.8	9.3
23300	16310	466	7456	16310	3000	75	489.3	4456	410.7	9.2
23400	16380	468	7488	16380	3000	75	491.4	4488	408.6	9.1
23500	16450	470	7520	16450	3000	75	493.5	4520	406.5	9.0
23600	16520	472	7552	16520	3000	80	495.6	4552	464.4	10.2
23700	16590	474	7584	16590	3000	80	497.7	4584	462.3	10.1
23800	16660	476	7616	16660	3000	80	499.8	4616	460.2	10.0
23900	16730	478	7648	16730	3000	80	501.9	4648	458.1	9.9
24000	16800	480	7680	16800	3000	80	504	4680	456	9.7
24100	16870	482	7712	16870	3000	80	506.1	4712	453.9	9.6
24200	16940	484	7744	16940	3000	80	508.2	4744	451.8	9.5
24300	17010	486	7776	17010	3000	80	510.3	4776	449.7	9.4
24400	17080	488	7808	17080	3000	80	512.4	4808	447.6	9.3
24500	17150	490	7840	17150	3000	80	514.5	4840	445.5	9.2
24600	17220	492	7872	17220	3000	80	516.6	4872	443.4	9.1
24700	17290	494	7904	17290	3000	80	518.7	4904	441.3	9.0
24800	17360	496	7936	17360	3000	85	520.8	4936	499.2	10.1
24900	17430	498	7968	17430	3000	85	522.9	4968	497.1	10.0
25000	17500	500	8000	17500	3000	85	525	5000	495	9.9

※ 대출 규모: 매매가의 70%, 대출이자율: 3% 기준
※ 이 수익률 표는 금리나 대출금액에 따라 많이 달라지니, 엑셀을 활용하여 유동적으로 관리하는 것이 편리하다.

나는 마트 대신 부동산에 간다

제1판　1쇄 발행 | 2016년 10월 25일
제1판 36쇄 발행 | 2024년　5월　3일

지은이 | 김유라
펴낸이 | 김수언
펴낸곳 | 한국경제신문 한경BP
책임편집 | 윤효진
교정교열 | 공순례
저작권 | 박정현
홍보 | 서은실 · 이여진 · 박도현
마케팅 | 김규형 · 정우연
디자인 | 권석중
본문디자인 | 디자인 현

주소 | 서울특별시 중구 청파로 463
기획출판팀 | 02-3604-590, 584
영업마케팅팀 | 02-3604-595, 562　FAX | 02-3604-599
H | http://bp.hankyung.com　E | bp@hankyung.com
F | www.facebook.com/hankyungbp
등록 | 제 2-315(1967. 5. 15)

ISBN 978-89-475-4147-3　03320